LOUISE DE LA VALLIERE

De Versailles au Carmel

DU MÊME AUTEUR

Récits populaires de la guerre 39-45 (en collaboration avec Michel Hérubel), Editions Ouest-France, épuisé, 1981.
Louise de Polastron, le grand amour du comte d'Artois, préface de Jean-François Chiappe, Librairie Académique Perrin, 1983.
Madame Elisabeth, sœur de Louis XVI, Librairie Académique Perrin, 1985.
Mariette et Céline (2 tomes), Mercure de France, 1986.
Louise de Kéroualle, presque reine d'Angleterre, Librairie Académique Perrin, 1988.
Lady Hamilton, Librairie Académique Perrin, 1990.
Marthe Robin, la stigmatisée, Le Centurion, 1990.
La Revenante, Presses de la Cité, 1991.
Mère Teresa : « Semez l'amour, il germera. » Le Centurion, 1993.
La mère de Louis XVI, Marie-Josèphe de Saxe, Pygmalion/Gérard Watelet, 1995.
Sainte Rita, Régnier, 1995.
Histoire de la voyance, Claire Vigne, 1995.

Traduction :
L'héritière américaine, par Dorothy Eden, Presses de la Cité, 1980.

MONIQUE DE HUERTAS

LOUISE DE LA VALLIERE

De Versailles au Carmel

Pygmalion
Gérard Watelet
Paris

Sur simple demande adressée aux
Éditions Pygmalion/Gérard Watelet, 70, avenue de Breteuil, 75007 Paris
vous recevrez gratuitement notre catalogue
qui vous tiendra au courant de nos dernières publications.

ISBN 2-85704-548-4

Pour Pierre et Geneviève Gatimel

« Et la grâce plus belle encore que la beauté. »

La Fontaine

« Heureux le roi s'il n'eût eu que des maîtresses semblables à Mme de La Vallière. »

Saint-Simon (t. IV)

« Elle put inspirer au roi la plus forte inclination dont il a été capable. »

Ezechiel Spanheim

I

UNE PETITE PROVINCIALE

CELLE qui devait devenir l'une des amoureuses les plus touchantes de son siècle, Louise Françoise de La Baume Le Blanc, plus connue sous le nom de Louise de La Vallière, est née à Tours, le 6 août 1644, sous le signe astrologique du Lion.

Quinze années plus tard, au mois d'août 1659, Louis XIV passe par Blois, en route pour Bordeaux. La nuit tombe quand il entre dans la ville. Les cloches sonnent joyeusement. Le roi saute de son carrosse avec légèreté et grimpe vivement les escaliers jusqu'au perron où la duchesse d'Orléans, sa tante, entourée de ses filles, s'incline devant le jeune souverain.

Louise de La Vallière le dévore des yeux.

– Ce n'est pas étonnant, murmure-t-elle à l'une de ses compagnes, que Mademoiselle dise qu'il est l'homme le plus beau de France.

Comment Louise se trouve-t-elle là, à Blois, chez le duc d'Orléans ?

Pour le savoir, reportons-nous en arrière, au moment de la naissance de Louise qui, après avoir été lavée avec du vin – peut-être du Vouvray tant apprécié par Rabelais –, coutume de l'époque et surtout de la région, est enduite d'huile odorante. A ceci, il n'y a rien à dire. Mais que penser de la recommandation barbare d'emmailloter les nouveau-nés de façon à les faire ressembler à de minuscules momies ? Il s'agissait, affirmait un savant pédiatre, de faire connaître au corps du nouvel être humain la position la plus convenable et qui convenait le mieux pour l'homme, afin de l'accoutumer à se tenir droit. Sinon, il ne saurait marcher qu'à quatre pattes !

Et cette méthode inepte a duré des siècles...

Pour parachever le supplice, la toute petite tête est emprisonnée dans un bonnet qui maintient les oreilles bien collées.

Dès le lendemain de sa naissance, Louise est baptisée par le père Philippe Chauffour, curé de l'église Saint-Saturnin [1]. Son parrain est son grand-oncle Pierre de La Baume Le Blanc, écuyer, seigneur de La Roche, conseiller du roi au présidial de Tours, et la marraine, sa tante, Louise de La Baume Le Blanc, veuve de Messire d'Evrard.

Pendant la cérémonie du baptême, Jean-François, l'aîné de Louise de deux années, du haut des bras de sa nourrice, s'est vivement intéressé à tout ce qui se passait.

Originaire du Bourbonnais, leur trisaïeul Laurent avait acquis, le 5 septembre 1542, le fief de La

1. L'église fut désaffectée pendant la Révolution, puis démolie. L'actuelle Saint-Saturnin n'est donc pas celle où Louise est devenue chrétienne.

Vallière, un domaine de cent trente arpents, augmenté des terres de la Roche et du Puy.

La devise de la famille est belle et c'est tout un programme : *Ad principem ut ad ignem Amor indissolubilis* : « Au prince comme au feu de l'autel Amour indissoluble. » L'un de leurs ancêtres avait combattu aux côtés de Jeanne d'Arc, à Saint-Pierre-le-Moutier. Plusieurs parents étaient morts pour le roi en combattant. Messire Laurent de La Baume Le Blanc, seigneur de La Vallière, capitaine de *la* mestre de camp de la cavalerie légère [1], père de Louise et de Jean, est leur digne descendant. En 1634, au passage de la Brai, il avait assuré la retraite de l'armée ; en 1635, à Avein, il défit le général espagnol Lamboi. Le 19 mai 1643, il se trouvait à Rocroi. Peu après, il sollicita l'érection de son manoir en marquisat. La mort le priva d'en porter le titre et c'est Jean-François qui deviendra le premier marquis de La Vallière.

De noblesse ancienne, leur fortune ne s'était pourtant pas augmentée.

A l'époque où Louise vient au monde, la France est en guerre contre la Flandre. Cette guerre qui dure depuis des années coûte cher. La misère du peuple est immense.

– Les paysans ne possèdent plus que leur âme parce qu'elle n'a pu être vendue à l'encan ! déplore un avocat général devant la reine Anne d'Autriche.

A Tours, Louise, devenue une petite fille, assiste régulièrement à la messe à l'église Saint-Saturnin, ou bien on la conduit à la cathédrale dédiée à saint Gatien, premier évêque de la ville. La première

1. *La* mestre de camp était la première compagnie du régiment commandée par un capitaine.

pierre en a été posée quelque cinq cents ans avant l'ouverture au culte en ce XVIIe siècle. L'enfant regarde avec admiration l'édifice où les vitraux relatent de si belles histoires. Ainsi la légende d'un pèlerin de Compostelle qui, accusé de vol, fut reconnu innocent grâce à un miracle de saint Gratien.

L'oncle de Louise, Gilles de La Vallière, qui « s'est fait d'église », comme on disait alors, initie sa nièce à l'histoire de Tours et se charge de l'éducation des enfants dont la mère, fort mondaine, ne s'occupe guère. Louise est confiée aux Ursulines pour la raison que sa très estimée tante Elisabeth en est la Maîtresse des Novices. La fillette va connaître auprès d'elle la tendresse et l'affection que Mme de La Baume lui prodigue si peu.

L'hôtel de la Crouzille où Louise a vu le jour n'existe plus mais, grâce au plan de la ville conservé aux Archives d'Indre-et-Loire, on sait qu'il était limité au nord par les remparts et les quais de la Loire, et se trouvait un peu en aval du pont de pierre datant du XVIIIe siècle.

Louise vécut également à La Vallière, situé sur la rive gauche de la Brenne, à vingt-trois kilomètres de Tours. Seul le portail d'entrée révèle son origine féodale. S'inspirant du style Renaissance qui fleurissait alors, le premier seigneur de La Vallière fait construire un élégant pavillon à la façade percée de hautes fenêtres et couronné d'ardoises luisantes. La fillette a sept ans et demi lorsque Gaston Pommier, notaire royal à Reugny, dresse l'inventaire de la demeure, suivi bien entendu des enfants que cette visite étonne. Au rez-de-chaussée, trois grandes pièces se font suite servant d'antichambre, de salle à manger et de salon. Les meubles sont solides et sans luxe excessif. Les tentures, les tapis, sont à dominante rouge et jaune.

Puis Louise et Jean-François grimpent l'escalier quatre à quatre pour montrer le chemin du premier étage au notaire. Une vaste et luxueuse chambre y occupe tout le centre du nouveau pavillon. Le sol est entièrement caché par un épais tapis de Turquie. Du gros de Naples rouge et du taffetas blanc recouvrent les deux lits et leurs ciels, le tout relevé de broderies d'or. Du velours, rouge également, habille les sièges pliants. Les murs se dissimulent sous des tapisseries. Un miroir, serti d'ébène, complète l'ameublement. C'est de toute évidence la chambre conjugale.

Au second étage, sous les combles, les chambrettes des enfants ne présentent pas le même aspect chaud et confortable. Jean-François est logé près de l'escalier. La pièce comprend un lit, deux tables et trois coffres pour ses vêtements et ses livres.

Louise partage sa chambre avec sa vieille servante. En plus des deux lits, une simple planche en équilibre sur des tréteaux sert de table. Six chaises de paille et trois coffres dont l'un est réservé aux chemises de sa mère. Une modeste tenture de Bergame réchauffe les murs.

Grâce à la description de cet intérieur, il est facile d'y imaginer Louise. On la voit galoper dans l'escalier en retroussant ses jupes, on entend son rire frais quand elle joue avec son frère, ou bien l'on perçoit le cliquetis du tric-trac dans le salon. Parfois, passant devant le bénitier en argent où Notre-Dame est représentée en ronde bosse, elle y trempe deux doigts et se signe avec sérieux.

Dans une des salles du rez-de-chaussée, François Clouet a peint, au-dessus de la grande cheminée, une scène champêtre ayant pour cadre la vallée de Reugny, le cours de la Brenne et l'église située sur la gauche. A droite de la toile s'élève le château. Au milieu du sujet, des couples endimanchés, l'air gai, se promènent ou forment une ronde. Le message est aisé à déchiffrer : c'est le jour du Seigneur.

De chaque côté de cette fresque, deux tableaux : l'un montre trois femmes et un homme enlacés, dont les costumes indiquent qu'ils vivaient à la fin du XVIe siècle. Sur un cartouche, ces mots en latin : *Cineres mediteris et urnem* : « Songe aux cendres de la mort et à l'urne funéraire. » Sur l'autre toile, une femme aux pieds de laquelle est assis un gracieux Amour, muni de sa flèche... Là aussi, une inscription en latin : *Sit tibi surda Venus* : « Que Vénus ne t'exauce pas. »

Ainsi, dès sa tendre enfance, Louise est mise en garde contre les mœurs dissolues et les dangers de l'amour. Nul doute que, lors des soirées hivernales, quand tous se trouvent réunis autour du feu qui pétille dans la large cheminée, Messire Laurent ne leur parle des aïeux qui se sont illustrés sur les champs de bataille et sont devenus des héros. Ils risquaient leur vie, la sacrifiaient même sans regret pour le roi, ce roi qu'il faut aimer, à qui il faut être fidèle... qu'il faut placer dans son cœur juste après Dieu.

Louise aura un jour le tort de donner la première place au roi dans son cœur...

Un long et large couloir fait communiquer le pavillon d'habitation avec les communs. En 1651, aux écuries, un cheval noir, la monture du capitaine de cavalerie, surpasse les huit autres en beauté. Quatre sont des chevaux de trait, les quatre autres sont attelés aux carrosses. Deux de ceux-ci servent au château ; un troisième, entièrement tapissé de velours rouge, reste à Tours pour les visites en ville.

A côté des chevaux, un petit âne sur le dos duquel Louise est initiée à l'équitation. Elle devient rapidement une habile cavalière et avec Jean-François, ce sont des courses effrénées, à qui rivalisera de témérité et d'adresse. Hélas ! en voulant faire sauter une haie de buis qui borde la terrasse à sa monture, celle-ci renâcle devant l'obstacle, et la trop hardie amazone tombe et se fracture la cheville. Toute sa vie, Louise boitera légèrement, ce qui ne l'empêchera nullement de faire la révérence, de danser avec une grâce infinie, et, bien entendu, de monter à cheval à la perfection.

Le château de La Vallière est à l'époque une sorte de petit paradis entouré de ses beaux arbres peuplés d'oiseaux. Deux chemins mènent à l'église Saint-Médard dont l'élégante flèche se dresse vers le ciel. L'un de ces parcours a été baptisé « le chemin du Roi », en souvenir de Louis XI qui l'avait suivi pour aller vérifier personnellement si la Brenne était navigable. Plus près de nous, la légende s'est substituée à l'Histoire et l'on prétend maintenant que Louis XIV a emprunté le trajet pour rendre visite à sa bien-aimée. Or, le Roi-Soleil n'est jamais venu à La Vallière...

Un autre tracé longe des moulins au tic-tac inlassable, auquel répond le heurt sec des métiers à tisser.

De nos jours, l'église Saint-Médard possède encore son porche du XIIe siècle sous lequel Louise est si souvent passée. L'abside a été reconstruite, mais les chapelles latérales – celles où l'enfant s'est agenouillée pour prier – sont d'époque. Au nord, se trouve la chapelle La Vallière en raison de tous ceux de ce nom qui reposent dans la crypte.

Le curé, Messire Pierre Baroche et ses deux vicaires, Buet et Grandin, jugent Louise – alors qu'elle n'a guère que cinq ans et demi – digne de devenir la marraine de Françoise-Louise de Mousseau, fille de Jacques de Mousseau, sergent royal, fermier de La Vallière, et de Catherine Pommier. L'acte de baptême porte la signature de la jeune marraine, en date du 8 février 1650.

En 1648, les traités de Münster et d'Osnabrück, signés à Westphalie, ont mis fin à la guerre de Trente Ans. Ces traités seront la charte de l'Europe pendant un siècle et demi. Laurent de La Baume Le Blanc peut enfin annoncer à sa famille qu'il abandonne l'armée et, comme le roi lui a offert le poste de gouverneur du château d'Amboise, il va pouvoir s'occuper des siens.

– Dieu m'a laissé vivre durant vingt campagnes, déclare-t-il, maintenant je veux me préparer à une sainte mort.

Les années de combats n'ont nullement endurci le cœur du seigneur de La Vallière. Il est resté compatissant, et sa foi a toujours été profonde. Il n'oublie jamais ses prières quotidiennes et porte une haire, cette chemise tissée de poils de chèvre, à même la peau en signe de mortification. Il communie au moins une fois la semaine à une époque où l'approche fréquente de la sainte table n'était pas dans les mœurs, et plutôt même déconseillée. Il se dévoue aux malades, principalement à ceux vivant sur ses terres. Il les soigne même parfois personnellement. Ses enfants l'accompagnent souvent.

Tous les occupants du château vont entendre la messe à Saint-Médard. Louise gardera le souvenir de l'encens dont les nuages de fumée odorante les enveloppaient.

Messire Laurent a l'habitude de se rendre à Amboise monté sur son beau cheval noir. Femme et enfants le suivent en carrosse. Louise est-elle éblouie en découvrant ce joyau de la Renaissance ? Elle est bien jeune encore pour apprécier ce qui fait la splendeur et l'harmonie de ce palais aimé des rois et des reines. Léonard de Vinci, au temps de François Ier, avait choisi Amboise, séduit par un ciel qui lui rappelait celui de Florence, et par le charme de son site.

Pour Laurent de La Baume Le Blanc de La Vallière, le gouvernement d'Amboise n'est vraiment pas une sinécure. La guerre civile a éclaté. Elle prend le nom de Fronde. Cette Fronde est dirigée contre la régente Anne d'Autriche et surtout contre le cardinal Mazarin. Les nobles détestent cet homme politique éminent, qui a succédé au cardinal de Richelieu. Les Grands veulent s'emparer du pouvoir. Cette guerre est la première campagne de Louis XIV qui n'a que onze ans au commencement des troubles. Il écrira un jour dans ses *Mémoires pour l'instruction du Dauphin* : « Le désordre régnait partout. »

Au mois de mars 1651, l'armée de la Fronde atteint Amboise qui, par sa position sur la rive gauche du fleuve, devient une place éminemment stratégique. Si les rebelles parviennent à s'en emparer, cela leur permettrait d'attaquer Tours, qui est un poste clef.

Mlle de Montpensier, fille de Gaston d'Orléans – ce frère de Louis XIII dont les trahisons ne se comptent plus –, celle que l'on connaît mieux sous le nom de la Grande Mademoiselle, tente de persuader le père de Louise de se ranger du côté des Frondeurs. En vain. Le gouverneur reste fidèle à la devise de ses ancêtres, et jure de garder la place. Dès 1649, en habile stratège, il avait mis au point un système de défense qui tiendra jusqu'à sa mort en 1651.

On peut certifier que c'est grâce au père de Louise que le tout jeune roi Louis XIV peut, en 1652, poursuivre sa marche vers la capitale. Cet enfant-roi, dont le comte de Paluau mentionne à Mazarin les actions et le raisonnement dignes de ceux « d'un homme de vingt-cinq ans ».

En octobre 1652, « follement acclamé », Louis XIV est de retour à Paris. Partout ses armées sont victorieuses. Le calme va revenir peu à peu dans le royaume.

A sa mort, Laurent de La Baume Le Blanc laisse 25 000 livres de dettes pour tout héritage. Sa veuve se hâte de confier la tutelle de ses enfants à leur grand-oncle Pierre de La Baume Le Blanc, parrain de Louise. Se révélant femme de tête et surtout femme d'argent, Mme de La Baume Le Blanc réclame sa dot de 60 000 livres ainsi qu'un douaire de 8 000 livres pour son deuil, son carrosse et son habitation de La Vallière. Faute d'argent liquide, la propriété des meubles lui est cédée au prix correspondant à sa dot. Pour cette femme qui connaît la valeur de ses écus, cela ne paraît pas suffisant : si elle consent à laisser ses enfants utiliser les meubles, ce n'est qu'à la condition de toucher un intérêt de cinq pour cent sur le prix d'estimation ! Les deux enfants ne possèdent plus alors que leur pension s'élevant à 1 500 livres pour Jean-François et 500 livres pour Louise. L'abbé Gilles, leur oncle, se porte caution de leurs redevances.

La mère, encore fort jolie femme, envisage rapidement de se pourvoir d'un mari pour la troisième fois. Et au début du mois de mars 1655, Marie-Françoise Le Provost de la Coutelaye, deux fois veuve, épouse Jacques de Courtavel de Saint-Rémy, Boisrembour et autres lieux, à l'église Saint-Médard, paroisse de La Vallière. Veuf, Saint-Rémy a une fille, Catherine, du même âge que Louise.

Les nouveaux époux ne s'attardent pas à La Vallière. Dès le mois suivant, le marquis emmène sa femme et les trois enfants à Blois où il réside, ayant la charge de premier maître d'hôtel auprès de Gaston d'Orléans.

Les larmes de Louise coulent en quittant La Vallière, où elle a passé sa petite enfance. Elle dit adieu à ses amies, à sa famille, elle prie une dernière fois à Saint-Médard où son père repose désormais. Blois n'est pas très éloigné, mais elle sent bien que c'est une nouvelle vie qui va commencer pour elle.

A Blois, en arrivant, le marquis de Saint-Rémy leur désigne l'aile du roi François Ier, cette demeure où vécut la douce reine Claude, et la tour ajourée du château où semble s'enrouler un gracieux escalier. Que d'événements historiques ont eu lieu dans ces murs ! Tout de suite vient à l'esprit l'exécution par les Quarante-Cinq du duc de Guise, traître à la France et au roi Henri III. Plus proche, l'évasion de Marie de Médicis, la terrible mère de Louis XIII, qui s'apprêtait à lever une armée contre son auguste fils.

Le château est entouré de maisonnettes de construction récente. Elles servent de logements aux différents officiers du duc d'Orléans. Celui-ci, ayant pris le parti des Grands contre son royal neveu, a été contraint de quitter Paris. A Blois, il se trouve « en exil ». Sa seconde épouse, Marguerite de Lorraine, l'a suivi avec leurs trois filles : Marguerite, Elisabeth et Françoise-Madeleine. L'aînée, Marguerite, est un peu plus âgée que Louise, Elisabeth est née aussi en 1644, et la dernière est de quatre ans leur cadette. La Grande Mademoiselle était née du premier mariage de Gaston d'Orléans avec Marie de Bourbon-Montpensier.

On ne peut pas dire que la fille aînée du frère de Louis XIII appréciait beaucoup sa marâtre. Elle lui reprochait d'ailleurs avec justesse de ne pas donner à ses demi-sœurs une éducation en rapport avec leur rang, et de consacrer trop de temps à ses oraisons, « coupées par de fréquents repas pour remédier à ses vapeurs ». En effet, la duchesse – Madame – ne s'occupe de ses filles que durant un quart d'heure par jour : sept minutes le matin, autant le soir, et c'est pour leur dire :

– Tenez-vous droites, levez la tête.

Livrées à leur gouvernante, les jeunes princesses « rôdaient dans leurs chambres avec cinq ou six filles de toutes sortes de genres ». Il s'agissait de Louise, de Mlle de Saint-Rémy, de Mlles de Montalais et de Raré. La Grande Mademoiselle savait-elle que l'une de ces fillettes avait eu pour père le gouverneur d'Amboise qui lui en avait refusé la clé ?

Pour se distraire, les adolescentes mettent à sac la bibliothèque du château et dévorent avec ardeur tous les romans d'amour qu'elles peuvent y trouver : Honoré d'Urfé, la Calprenède, Gomberville, Mlle de Scudéry.

C'est pour ces enfants un grand plaisir lorsque, lassée de Saint-Fargeau, où elle est également en exil, Mademoiselle de Montpensier vient voir son père. Elle bavarde avec ses demi-sœurs et leurs amies. Elle leur relate des épisodes de la Fronde, quand elle avait fait tirer sur les troupes royales du haut de la Bastille, tuant ainsi à tout jamais ses espoirs d'être un jour reine de France, malgré les onze années qui la séparaient du jeune roi. On connaît l'exclamation de Mazarin apprenant les hauts faits de la Grande Mademoiselle : « Elle a tué son époux ! »

Louise écoute avec un intérêt passionné tout ce que la cousine du roi raconte de la cour. Quand elle avait vu la tante de Louis XIV, la reine d'Angleterre, réfugiée en France après l'exécution de Charles Ier, décapité sur la place de Whitehall à Londres, en février 1649, victime à la fois du Parlement et d'Olivier Cromwell, elle avait remarqué qu'en dépit de leur deuil, Elisabeth de France et sa fille, la princesse Henriette, portaient l'une et l'autre des rangs de perles, des bracelets de diamants, des bagues et « les plus superbes pendants d'oreilles jamais vus ». La princesse, du même âge que Louise, est d'une maigreur à faire craindre pour sa santé, et aussi effacée que possible, ne parlant pour ainsi dire pas.

C'est au tour de la reine Christine de Suède d'alimenter la conversation de Mademoiselle. La reine, surnommée la Sémiramis du Nord, ayant abdiqué pour mener une vie libre, avait fait fréter dix bateaux pour emporter tous ses tableaux préférés, des Raphaël, des Le Titien, des Corrège, ses marbres, ses bronzes, ainsi que huit mille manuscrits dont plusieurs rédigés en hébreu, d'autres en arabe, certains en grec, et également les milliers de livres de sa bibliothèque.

– J'ai vu la reine Christine à la comédie, elle jurait de bon cœur, se renversait en arrière et lançait ses jambes en l'air !

Aussi, quand Mademoiselle regagnait sa terre de Saint-Fargeau, combien la vie paraissait terne aux fillettes !

1er août 1659. Le duc d'Orléans est allé au-devant de son neveu, qui a choisi Blois comme étape. Un messager vient prévenir la duchesse de l'arrivée imminente du souverain. Toute la maisonnée s'est groupée aussitôt sur le perron-terrasse et les degrés de l'escalier. Dans un grand bruit de trompettes, le carrosse doré, aux roues écarlates, apparaît dans la cour et resplendit dans la lueur des torches. Les six chevaux aux brides, harnais et rênes en cuir rouge orné de rubans, s'ébrouent et soufflent.

Depuis quelques jours, au château, il n'était question que de ce si jeune roi dont rêvent toutes les princesses à marier, et principalement Marguerite d'Orléans, que ses familiers appellent la « Petite Reine ». Elle est d'un âge bien en rapport avec celui de Louis, pourquoi ne la choisirait-il pas ? On s'en doute, cela déplaît profondément à Mademoiselle :

– On n'est pas bien aise, déclare-t-elle, de voir sa cadette au-dessus de soi.

Et elle interdit que l'on prononce le surnom flatteur de « Petite Reine ». Pourtant, le roi ne s'intéresse aucunement à sa jeune cousine. Faute de pouvoir s'unir à son premier amour, Marie Mancini [1] – il l'a aimée, il l'aime sûrement encore –, la raison d'Etat commande un mariage avec l'infante d'Espagne.

Voici la description que la princesse en fera dans ses *Mémoires* : « La taille de ce monarque est autant par-dessus celle des autres que sa naissance, aussi bien que sa mine. Il a l'air haut, relevé, hardi, fier et agréable, majestueux dans le visage, les plus beaux cheveux du monde en leur couleur et en la manière dont ils sont frisés. Les jambes belles, le port beau et bien planté ; enfin, à tout prendre, c'est le plus bel homme et le mieux fait de son royaume et assurément de tous les autres. »

Une question vient à l'esprit : La Grande Mademoiselle avait-elle vraiment la possibilité d'établir des comparaisons ? Assurément non. Alors, ces lignes dithyrambiques ne prouvent pas grand-chose.

Le témoignage d'Alvise Grimani, ambassadeur de

1. Voir *Marie Mancini, le premier amour de Louis XIV* par Françoise Mallet-Joris, chez le même éditeur.

Venise, a peut-être plus de valeur : « Le roi est de complexion vigoureuse, de grande taille, d'aspect majestueux ; son visage est ouvert et imposant à la fois... »

– N'a-t-il pas vraiment l'air d'un roi ? s'extasie la « Petite Reine ». Même dans les bals masqués, j'ai ouï dire que l'on reconnaissait le roi au milieu de la foule par sa grande allure.

Pourtant, ce 1er août 1659, en route vers Bordeaux, le jeune souverain ne s'est pas mis en frais, ne souhaitant pas, prétend-il, donner trop de chagrin à Marguerite qu'il n'est pas question d'épouser. « Je n'ai pas voulu mettre un autre habit ni décordonner mes cheveux, a-t-il écrit à sa cousine, car si je m'étais paré, j'aurais donné trop de regret à votre père, à votre bellemère et à votre sœur de ne pas m'avoir... » Ne se moque-t-il pas un peu en concluant : « Je me suis fait tout le plus vilain que j'ai pu pour la dégoûter de moi. »

Louis ne sait pas encore que la majesté royale tient lieu de beauté...

– Si la fortune ne l'avait pas fait naître un grand roi, il est certain que sa nature lui en a donné les apparences, constate l'ambassadeur de Venise.

En raison du jour du banquet – un vendredi –, les poissons abondent au menu : soles, esturgeons, turbots, limandes. Douze cents personnes prennent part au repas donné en l'honneur du roi dans la Salle des Etats. Le thème choisi pour les attractions est le Moyen Age, avec jongleurs, équilibristes, danseurs, etc.

– Votre père a été bien fâché de me voir tuer quatorze faisans dans ses forêts, confie en aparté Louis XIV à Mlle de Montpensier.

Gaston serait-il un tant soi peu avare ? Pourtant, il n'a pas lésiné sur les frais du banquet. La journée se termine par un bal où toute la noblesse de Blois a été conviée.

Dès le lendemain, Louis et sa suite prennent la direction de Saint-Jean-d'Angély où il revoit Marie Mancini qu'il aime toujours. Le mariage avec l'infante Marie-Thérèse d'Espagne ne devant avoir lieu qu'au mois de juin de 1660, le roi s'installe à Toulouse et, en attendant la date de ses épousailles, il fait peut-être davantage que fleureter avec la sœur de Marie, Olympe Mancini, devenue la comtesse de Soissons.

Louis avait été initié à l'amour par une femme de chambre de la reine Anne d'Autriche. Elle avait nom Cateau la Borgnesse, et était renommée pour sa science érotique. Un début qui aurait pu le détourner à jamais des ébats amoureux, car la Cateau lui avait fait don d'une blennorragie à la grande surprise de son médecin Vallot prétendant que le souverain était d'une stricte chasteté, « toute pure et sans exemple » !

Après le passage du souverain à Blois, Mlle de Montpensier apprit que le roi ne s'était pas diverti lors des réjouissances offertes. Il s'était plaint que le souper avait été servi à l'ancienne mode, et les invitées jugées par lui « de même que les mets : à l'ancienne » !

Le jeune Louis XIV semble préférer les tendrons aux femmes mûres.

Quant à Louise, si elle a bien regardé le roi, Louis ne l'a même pas vue.

Cependant ses quinze ans ont vivement séduit le fils de M. de Bragelongne, intendant du duc d'Orléans, et c'est vers le jeune homme que volent les pensées de l'adolescente. Il lui adresse de tendres billets, auxquels elle répond sans penser à mal. Il est si délicieux à cet âge d'éprouver les prémices d'un premier amour, de sentir son cœur battre, fort, comme il n'a jamais battu. Mme de Saint-Rémy, malheureusement, découvre la correspondance amoureuse, et gronde sévèrement sa fille. Elle lui défend de se compromettre aussi sottement. Louise s'incline. Ce sera son premier chagrin d'amour... La réputation de la toute jeune fille est bonne, au point que le jour où Mlle de Montalais est accusée d'une légèreté coupable, Gaston d'Orléans, devenu très strict sur la morale en prenant de l'âge, déclare :

– Pour Mlle de La Vallière, je suis assuré qu'elle n'y a pas pris part : elle est trop sage pour cela.

Or, curieuse répercussion, le compliment du duc la flatte si fort qu'elle avouera un jour avec regret : « Ce fut le début de ma chute. »

Louise a un caractère réservé, naturellement modeste. L'éducation religieuse de son enfance l'a beaucoup aidée. Depuis qu'elle demeure à Blois, Armand Le Bouthillier de Rancé, premier aumônier du duc d'Orléans, a parfait sa formation. Il ne devait pas ignorer que Louise était la petite-nièce de Gabriel de Beauvau, évêque de Nantes, et nièce du chanoine Gilles de La Baume Le Blanc. C'était un motif de plus pour s'intéresser à l'âme de cette adolescente si pieuse. Il avait dû songer à la diriger vers le cloître. Pour les jeunes filles sans fortune, comme c'était le cas pour Louise, il n'y avait pas de meilleure solution. Toutefois, à cette époque, Louise ne semble pas avoir manifesté une attirance réelle pour la vie monacale.

Ce séjour à Blois, dans l'intimité des princesses dont elle partage les leçons, se révélera bénéfique. Il suffit pour s'en convaincre de lire ses lettres fort bien écrites à une époque où l'on pratiquait « l'orthographe du cœur » et le plus souvent phonétique chez celles qui ne bénéficiaient pas de bons pédagogues. Louis XIV, peut-être en raison de son enfance tourmentée, écrivait d'une façon déplorable, qui rendait ses missives presque incompréhensibles. Louise acquiert également une parfaite aisance dans ce que l'on appelle « le grand monde ».

« Elle était aimable et sa beauté avait de grands agréments par l'éclat de la blancheur et de l'incarnation de son teint, par le bleu de ses yeux qui avaient beaucoup de douceur et par la beauté de ses cheveux qui augmentait celle de son visage », la décrit Mme de Motteville.

Le duc d'Orléans, ayant fait son deuil d'un mariage entre Marguerite et son neveu, envisage pour sa fille le prince de Galles, futur Charles II, qui réside actuellement en France. Invité au château, le petit-fils de Henri IV ne semble pas séduit par la princesse sa cousine, et il quitte Blois sans que rien n'ait été décidé.

Le 2 février 1660, le duc d'Orléans, le frère le plus traître de toute la monarchie, rend son âme peu franche au Dieu Tout-Puissant.

Après le décès, la seule mesure prise par son épouse est de mettre en gage la vaisselle d'or et d'argent afin de pouvoir régler les frais des funérailles. En attendant que l'on puisse s'en occuper, le cadavre reste abandonné jusqu'au 13 dans une chambre glaciale. A cette date, un catafalque est érigé dans l'église Saint-Sauveur. Le 14 février, le corps de Gaston part pour l'abbaye de Saint-Denis pour y être inhumé auprès de ses parents et aïeux.

La Grande Mademoiselle ne répand pas des torrents de larmes ; elle s'avoue simplement « fâchée » et ne songe qu'à disputer son héritage à la veuve qu'elle a toujours détestée. La duchesse, quant à elle, n'a aucun désir de passer les quarante jours de son deuil officiel enfermée dans sa chambre. Elle redoute pardessus tout que Monsieur, frère du roi, devenu le nouveau duc d'Orléans, ne se voie attribuer le palais du Luxembourg par Louis XIV. Aussi décide-t-elle de se rendre sans plus tarder à Paris, accompagnée d'une partie de sa maison.

II

DEMOISELLE D'HONNEUR

LOUIS XIII avait tenté d'instituer à Paris un service de voirie, qui n'avait pas remporté un grand succès. Il suffit pour s'en convaincre de lire ce qu'en pense sire John Suckling dans ce milieu du XVIIe siècle :

Je vins à Paris sur Seine
La plus grande ville européenne
Aussi superbe que peu propre
Combien c'était étrange, inutile de le dire
Car tout le monde peut aisément le sentir
En y passant.

Depuis la construction du palais du Luxembourg – la plus belle demeure de Paris – érigé sur l'ordre de Marie de Médicis, la rive gauche de la Seine était à la mode. Nombre de grands seigneurs avaient fait bâtir dans le voisinage.

Louise et Jean écarquillent les yeux. Ils admirent. Bien vite, les adolescents découvrent, du haut de la terrasse du palais, la vue que l'on a alors sur l'étendue merveilleuse des jardins.

Les Saint-Rémy se voient attribuer un logement de fonction. Certes, il n'a pas dû être repeint depuis l'inauguration du palais en 1624, trente-six années auparavant, mais cet appartement a le mérite d'être spacieux et, avantage certain, il n'y a pas de loyer à régler comme à Blois.

Le mariage de Louis XIV avec Marie-Thérèse d'Autriche va avoir lieu à Saint-Jean-de-Luz. La duchesse d'Orléans y envoie Mlle d'Alençon et Mlle de Valois, ses deux plus jeunes filles. Marguerite a choisi de demeurer à Paris en compagnie de Louise. La princesse ne tient pas le moins du monde à assister au mariage de celui qu'elle avait tant souhaité pour mari.

Le roi, avant ses noces, en dépit de l'étiquette espagnole fort sévère, a voulu avoir un aperçu de l'infante. Alors que Français et Espagnols échangeaient des propos affables, on gratta à la porte et un « étranger » apparut sur le seuil. Anne d'Autriche demanda aussitôt à Marie-Thérèse :

– Que pensez-vous de ce jeune homme ?

Philippe IV, le sourcil froncé, s'interpose :

– *Que no era tiempo de décir lo.* (Ce n'est pas le moment de le dire.)

Monsieur, plus astucieux, pose la question différemment :

– Que pensez-vous, ma sœur, de cette porte ?

Et, toute rougissante, en baissant les yeux, l'infante peut exprimer ses sentiments :

– La porte me paraît fort belle et fort bonne...

Louis a contemplé avec plaisir ce teint lumineux, cette peau de soie pâle, cette blondeur argentée, ce front haut mis en valeur qui réunissait les cheveux de chaque côté de ces traits d'enfant. Le roi semble avoir oublié Marie Mancini. Il est « de la plus grande gaieté. On rit, on saute ; il va chez lui entretenir la reine : c'était la plus belle amitié du monde ».

Le 26 août, à Paris, une estrade a été dressée à la Barrière du Trône dans le but de recevoir le couple royal, venant de Vincennes. Le roi rutile dans son habit d'argent et de soie incarnate, tout constellé de perles, garni de rubans, l'épée au côté dans un fourreau scintillant. Son chapeau porte un bouquet de plumes neigeuses, mêlées de plumes incarnates, qui oscillent au moindre mouvement. Ce bouquet est fixé au feutre par une agrafe de diamants.

La robe de Marie-Thérèse est à ce point recouverte de pierreries que l'on peut à peine en distinguer la couleur noire. Les nouveaux époux gravissent avec une lenteur majestueuse les dix-huit marches conduisant à l'estrade. Ils prennent place sur des sièges tapissés de brocart or. Leurs précieuses personnes se trouvent protégées du soleil ardent par un dais de taffetas bleu semé de fleurs de lys. Toute la matinée, ils doivent écouter avec patience les harangues interminables et se réjouissent du lâcher de colombes qui clôture les cérémonies matinales.

L'après-midi, ils vont mettre quatre heures pour atteindre le Louvre. Louis chevauche un cheval bai brun d'Espagne à la housse brodée d'argent, au harnais clouté de pierreries. Il est accompagné de Monsieur, monté sur un cheval blanc, et des princes du sang : Condé, le duc d'Enghien, le prince de Conti, tous somptueusement vêtus, et caracolant sur de superbes montures, suivis par deux cents gentilshommes qui rivalisent d'élégance. Voici la reine dans une voiture découverte, tirée par six chevaux isabelle, et caparaçonnés d'or. A sa suite, on reconnaît Mademoiselle de Montpensier et Mlle de Longueville, les princesses d'Orléans, les dames de la cour.

Les troupes royales forment la haie jusqu'au Pont-Neuf. L'air retentit du carillon de toutes les cloches de la capitale. Régulièrement, le canon de la Bastille fait entendre son sourd grondement. Des arcs de triomphe ont été dressés à tous les carrefours. Partout, le long du cortège, le peuple clame sa joie de retrouver le roi, absent depuis un an. « Vive le roi ! Vive la reine ! » Pas un balcon, pas une fenêtre qui ne soit surchargé de spectateurs applaudissant à s'en faire mal aux mains.

En tête du défilé, les soixante-douze mules de Son Eminence, le cardinal Mazarin, précèdent sa litière – vide, en raison de son extrême fatigue. Il a préféré de beaucoup contempler la parade du haut d'un balcon de l'hôtel de Beauvais, rue Saint-Antoine, en compagnie d'Anne d'Autriche, d'Henriette d'Angleterre et de Turenne.

Viennent ensuite les équipages du roi, les pages de la reine, les écuries de Monsieur, la petite écurie du roi, les chevau-légers, les pages de la Chambre, les Suisses, les hérauts d'armes, le Grand Maître de l'artillerie, le Grand Prévôt de France. Tous vêtus de leurs plus beaux habits, montés sur des chevaux plus magnifiques les uns que les autres. Paris est en liesse.

Les Saint-Rémy se tiennent sur un balcon non loin de l'hôtel de Beauvais. Celle que le roi va aimer assiste au merveilleux défilé. Elle a vu Louis faire halte et saluer, avec une grâce et une majesté surprenantes, Anne d'Autriche, sa mère. Il sourit avec une urbanité exquise. Quel roi ! pense Marguerite d'Orléans en se mordant les lèvres. Quel beau jeune homme ! se dit Louise, qui le suit du regard un long moment.

Les Orléans n'étant plus en deuil, Mademoiselle organise des fêtes pour ses « pauvres petites sœurs qui s'ennuient ». Grâce aux musiciens qui font partie de sa maison, elle ordonne des bals – des sauteries – où elle prie ses sœurs de bien vouloir chanter. Ces divertissements ont lieu le plus loin possible des oreilles de la duchesse d'Orléans et de ses appartements, pour ne pas encourir ses foudres.

Louise devient chaque jour de plus en plus parisienne, et comprend pourquoi le roi avait trouvé les dames de Blois démodées. A Paris, les jupes sont démesurément larges, les décolletés bateaux mettent en valeur les épaules nues. Les manches comportent des bouffants resserrés en deux ou trois endroits par des nœuds de ruban. Ornements que l'on retrouve sur tous les vêtements, même sur les jarretières masculines et les empeignes des chaussures, en grosses touffes. Les talons – rouges – grandissent hommes et femmes de plus de dix centimètres. Les gants s'ornent de franges dorées. La reine Marie-Thérèse est-elle responsable de cette mode dont l'exagération finit par être ridicule ? Peut-être, car toutes ses toilettes sont ornées – et même surchargées – de nœuds.

Marguerite, enfin remise de sa déception, tombe amoureuse du chevalier de Lorraine, le prince Charles, son cousin. Il possède des traits agréables, une taille élégante, et des manières séduisantes. Visiblement, Marguerite lui plaît. Il la recherche de plus en plus.

Mademoiselle, une nouvelle fois, éprouve de la jalousie envers l'ex « Petite Reine », et, en dépit de ses trente-quatre ans, suggère au duc de Lorraine que son fils Charles, alors âgé de dix-huit ans, lui propose le mariage. Finalement le projet tourna court et Charles épousera Marie-Eléonore d'Autriche, la sœur de l'empereur Léopold.

Louise, qui sert de demoiselle de compagnie à son amie Marguerite, est témoin de la colère et des larmes de la princesse qui, de dépit, accepte d'épouser le duc de Toscane. Le mariage aura lieu le 18 avril 1661.

Le 1er de ce même mois d'avril a lieu un mariage de bien plus grande importance à la cour de France : celui de Philippe d'Orléans, Monsieur, frère du roi, avec la princesse Henriette d'Angleterre, sa cousine. La reine mère, qui aimait beaucoup la jeune fille – l'adolescente plutôt –, aurait souhaité la voir épouser le roi. Ce dernier en repoussa vivement l'idée, n'ayant nulle envie de tenir entre ses bras un paquet d'os « du cimetière des Saints-Innocents ». C'était peut-être un peu exagéré, mais elle n'était pas loin d'être squelettique, et dépourvue des douces rondeurs vers lesquelles ses goûts le portaient. Le souverain ne pouvait pas deviner que le charme et les charmes de sa cousine allaient se développer et faire d'elle une femme infiniment désirable. Le prince de Galles ayant enfin reconquis le trône de son père, il devient roi d'Angleterre sous le nom de Charles II. Il manifesta aussitôt le désir d'embrasser sa mère et la chère « Minette », c'est-à-dire sa sœur Henriette. Les deux femmes s'embarquèrent à Calais le 6 novembre 1660, et s'en revinrent en janvier 1661, accompagnées du duc de Buckingham, « jeune et bien fait », tombé si passionnément amoureux de la princesse qu'il ne pouvait se faire à l'idée de ne plus la revoir. Cet amour délirant fait prendre conscience à Henriette de son pouvoir de séduction.

Malheureusement, ce pouvoir, elle ne peut l'exercer

sur le duc d'Orléans, car « le cœur de ce prince n'était réservé à aucune femme du monde », déplore Mme de La Fayette, historiographe de Madame.

Les « tendances » de Monsieur avaient été soigneusement entretenues, voire même provoquées, dès son plus jeune âge. Il s'agissait d'éviter le renouvellement des trahisons de Gaston d'Orléans, qui avait passé sa vie à empoisonner celle de son frère, le roi Louis XIII.

On lui donna, comme ami d'enfance, le futur abbé de Choisy, que sa mère habillait en fille. Le petit Monsieur, qui portait déjà un corset – on disait un corps – pour préserver la finesse de sa taille, revêtait aussi des habits féminins quand il jouait avec M. de Choisy. Au moment de son mariage, on disait de lui que c'était « la plus jolie créature du royaume ». Plutôt petit, il se frisait, se fardait et se parfumait outrageusement. Il est vrai qu'en ce Grand Siècle, les parfums lourds et capiteux servaient souvent à masquer les odeurs nauséabondes dégagées par des corps mal entretenus, peu ou pas lavés du tout. Les paupières de Monsieur, noircies par le koheul, lui donnaient un doux regard d'almée, avec ses sourcils soulignés, sa bouche petite, pulpeuse, avivée de rouge ainsi que les joues.

Comme le 1er avril se trouvait en période de carême, il n'y eut pas de grande cérémonie pour le mariage célébré à la chapelle du palais des Tuileries. Dorénavant, Henriette d'Angleterre sera appelée Madame.

Le soin d'organiser la maison de Madame a été confié à Mme de Choisy, dont le crédit était grand à la cour. Or, il se trouvait qu'elle était alliée aux La Vallière, et logeait au palais du Luxembourg, étant la veuve de l'ex-chancelier de Gaston d'Orléans. Sa sympathie pour Louise est profonde ; enfant, elle avait joué à cligne-musette et à colin-maillard avec le jeune ami de Monsieur. Aussi, Mme de Choisy parvint-elle à faire agréer Louise comme demoiselle d'honneur de la nouvelle duchesse d'Orléans.

Celle-ci est une véritable révélation pour la cour. Jusque-là, elle avait toujours vécu dans l'ombre de sa mère et voilà que tous découvrent son charme, son esprit, sa gaieté. C'est à croire que l'amour que lui portait le duc de Buckingham avait fait éclore ce bouton de rose qu'elle était encore peu de temps auparavant, car il semble difficile d'imputer à Monsieur cette transformation. Au bout de quinze jours de lune de miel, Philippe d'Orléans revient à des divertissements plus conformes à ses goûts profonds avec ses compagnons habituels : Effiat, Guiche, etc.

Le roi et la reine s'étant rendus à Fontainebleau, les nouveaux mariés s'installent aux Tuileries et tout ce qui compte encore à Paris se retrouve dans le salon de Madame. Tous les hommes ne songent qu'à faire leur cour à la délicieuse hôtesse, et toutes les femmes ne cherchent qu'à lui plaire.

Peu après le mariage de Madame, Louise commence son service aux Tuileries. Sa pension n'est que de 100 livres mensuelles, mais Mme de Saint-Rémy se montre ravie d'être débarrassée de sa fille aînée. A cette époque, Louise a dix-sept ans, le même âge que Madame. Celle-ci apprécie son air modeste, son ingénuité, ses cheveux si pâles, le son harmonieux de sa voix. Henriette pense que sa nouvelle fille d'honneur ne risquera pas de lui disputer ses galants...

Avec son amie depuis Blois, Mlle de Montalais, qui fait également partie de la suite de Madame, Louise passe les après-dîners – les déjeuners de nos jours – chez les Orléans. Il y a là Mme de Valentinois, princesse de Monaco, la duchesse de Créquy, la duchesse de Châtillon, Mlle de La Trémoille, Mme de La Fayette. Toutes suivent Madame à la promenade au Cours-la-Reine, le lieu à la mode et, au retour, c'est l'heure du souper chez Monsieur. Après le repas, tous les gentilshommes de la cour les rejoignent et la soirée se passe agréablement à écouter de la musique, à en faire, à jouer et à danser.

Deux semaines avaient suffi à Monsieur pour le dégoûter de jouer le rôle de mari attentionné et amoureux. Ce revirement était à prévoir, mais la politique préconisait alors un rapprochement entre l'Angleterre et la France. Les princes ne sont pas faits pour connaître les joies du mariage d'inclination. La plupart du temps, ce sont des pions de l'échiquier diplomatique que l'on sacrifie plus ou moins selon les besoins de l'Etat. Aussi, pour oublier son triste sort de femme mal nantie, pour se changer les idées et garder le plus possible une physionomie souriante, la duchesse d'Orléans usera de tout son charme pour avoir autour d'elle admirateurs et même admiratrices.

Pour Louise, ce mode de vie auprès de Madame est absolument nouveau. Il lui faut apprendre toutes les minuties de l'étiquette, y compris la façon de présenter un verre d'eau. Les demoiselles d'honneur doivent toujours se trouver à portée de voix de leur maîtresse, prêtes à lui apporter un mouchoir ou un éventail, une palatine ou une sucrerie.

Louis XIV, installé à Fontainebleau pour la belle saison, prie son frère et sa belle-sœur de venir se joindre à lui. Le 19 avril 1661, Madame prend la route, accompagnée de toutes ses demoiselles d'honneur.

Fontainebleau paraît à Mlle de La Vallière un lieu paradisiaque. Elle se retrouve au milieu de grands arbres, de chants d'oiseaux, d'odeurs fraîches. Le ciel s'y déploie sans limites et le temps est radieux.

Fontainebleau ! Berceau de l'Ecole portant ce nom, Fontainebleau où François Ier s'est fait entourer d'une pléiade de merveilleux artistes italiens : Benvenuto Cellini, le Primatice, le Rosso, Sébastien Serlio, Pellegrini et tant d'autres !

Fontainebleau !

Fontaine Belle eau ? Fontaine bellau, Fontaine de Biaud – du nom de son propriétaire – ou enfin *Fontaine-Bleau*, du nom d'un chien appartenant, semble-t-il, à Louis VII, qu'il affectionnait et avait perdu à la chasse. L'animal fut retrouvé près d'une source baptisée dès lors *fontaine de Bleau.*

Louis XIV, en revoyant sa belle-sœur, se demande s'il n'avait pas eu tort de dédaigner naguère sa cousine devenue si séduisante. A contempler son sourire, on oubliait tout aussitôt sa minceur excessive, pour ne plus admirer que son teint opalescent, sa grâce, le goût exquis de ses toilettes.

Henriette s'aperçoit vite que le roi lui porte un intérêt certain. Elle se sent flattée. Qui ne le serait pas ? Et puis n'est-il pas amusant d'assouvir une petite vengeance en se faisant aimer de celui qui ne lui avait manifesté que de l'indifférence ? De celui qui n'avait pas hésité à lui donner pour époux un frère dont il connaissait parfaitement le goût pour le « vice italien » ? Et dont Henriette s'était vite aperçue à quel point était grand son égoïsme, et grande sa jalousie. Oui, Monsieur est jaloux, aussi jaloux qu'un mari amoureux, et quand il s'aperçoit de la coquetterie de son épouse envers son auguste frère, le duc d'Orléans va pleurer dans le giron d'Anne d'Autriche.

Les fêtes se succèdent, bals, navigation sur le canal les nuits de clair de lune, ou à la lueur des flambeaux. Les jours de grand soleil, on s'assied dans l'herbe pour faire honneur aux collations, à l'ombre des grands arbres. Les parties de chasse sont journalières, après quoi, les paresseuses promenades en calèche sont de rigueur. Madame est indiscutablement la reine de ces manifestations, car Marie-Thérèse est enceinte et la Faculté déconseille alors toutes ces agitations qui pourraient nuire à l'enfant qu'elle porte. Précisons qu'elle n'en est encore qu'au quatrième mois !

La reine mère n'a plus l'âge, ni le goût, de ces divertissements champêtres, mais la plupart des filles d'honneur participent à ces plaisirs, pour le plus grand agrément du roi et des seigneurs de son entourage.

Louis aura vingt-trois ans en septembre. Il est au summum de sa jeunesse et de sa beauté. Cette beauté régulière, noble, avec un grand charme, sans cette hauteur qui le rendra si distant dans peu d'années. A cette époque, et surtout en ce bel été 1661, il est véritablement « charmant », et tout auréolé des réussites de sa politique. Le traité des Pyrénées, en raison duquel il a dû épouser l'infante, peut être qualifié de chef-d'œuvre, et le rapprochement avec les Anglais est devenu réalité grâce au mariage de Monsieur.

S'il considère sa charmante belle-sœur avec un certain regret, ce n'est qu'une vue de l'esprit. Jamais ses amours ne prendront le pas sur ses intérêts. Il est vrai cependant qu'il organise toutes ces fêtes pour Henriette. En raison de la température caniculaire, Madame va se baigner tous les jours, revêtue d'une longue chemise de toile. Elle part en carrosse, suivie de ses dames, et revient à cheval avec son escorte de jolies femmes qui papillonnent autour de Sa Majesté venue se joindre à elles.

Monsieur, ulcéré du comportement de Madame, se plaint aigrement à Anne d'Autriche qui, un peu jalouse, elle aussi, de constater que son fils aîné passe maintenant avec Henriette tous les instants qu'il lui consacrait jusqu'alors, a l'idée d'envoyer à la princesse son aumônier, Edme de Montaigu, afin de lui prêcher la sagesse.

Madame l'écoute sûrement avec un grand respect, mais elle se sent forte de son droit : elle ne fait rien de répréhensible. Le roi et elle n'ont qu'une grande amitié l'un pour l'autre. « Les mouvements de son cœur la portaient à suivre âprement tout ce qui ne lui paraissait pas criminel ni entièrement contraire à son devoir et qui d'ailleurs pouvait la divertir », commente Mme de Motteville dans ses *Mémoires*.

Après tant d'années où elle n'avait été qu'une petite princesse pauvre vivant dans l'ombre de l'ex-reine d'Angleterre, elle se divertissait, elle jouait, dansait, galopait, nageait, et surtout faisait la coquette et fleuretait avec le plus grand et le plus beau roi du monde.

Anne d'Autriche proposa alors à sa belle-fille de retourner à Paris afin d'assister aux exercices du Jubilé. Cette offre n'ayant obtenu aucun succès, la reine mère parvient à emmener Madame avec elle pour rendre visite à la duchesse de Chevreuse, son ex-grande amie, dont la vie avait été riche d'intrigues et d'aventures galantes. L'ex-Marie de Rohan, l'ex-duchesse de Luynes, avait supplié Anne d'Autriche de venir la voir à Dampierre. Peut-être la reine ne s'y serait pas rendue si ce déplacement n'avait servi de prétexte pour éloigner Henriette de Fontainebleau.

Ces trois ou quatre jours passés loin l'un de l'autre n'ont en rien refroidi Louis et Henriette. Cependant, afin de ne plus être importunés par les reproches de la reine mère, ils décidèrent d'user d'un stratagème. Ce n'est pas le Soleil naissant qui en eut l'idée, mais bien certainement l'astucieuse Henriette, qui avait dévoré force romans d'amour. Comme il fallait absolument, pour leur propre tranquillité, détourner l'attention des courtisans, ils cherchèrent quelqu'un – quelqu'une plutôt – qui pourrait servir de *chandelier*. Ce chandelier qu'un certain Alfred de Musset mettra un jour si joliment en scène. Les amoureux passèrent en revue celles qui auraient l'honneur d'attirer l'attention – fictive – de Louis. Madame se méfiait – avec juste raison – d'un trop séduisant « chandelier ». Elle connaissait déjà bien le tempérament infiniment inflammable de son beau-frère, et elle ne voulait pas qu'un simple badinage pût devenir – qui sait ? – quelque chose de plus sérieux.

Après avoir éliminé les dames ou filles d'honneur trop âgées, trop vilaines – ou trop jolies au goût de Madame – trois d'entre elles restent en lice : Mlles Bonne de Pons, de Chamerault et de La Vallière. La première, toute jeunette, ravie par les galanteries du roi, est sur le point de lui céder, quand elle est rappelée à Paris où son parent, le maréchal d'Albret, est au plus mal. Quelle surprise est la sienne en voyant son oncle au mieux de sa forme. Elle en pleure de dépit en pensant à ses rivales, bien que les minauderies de Mlle de Chamerault semblent plutôt agacer Louis. Reste la Tourangelle, Louise de La Vallière, au maintien réservé, au regard doux de biche apprivoisée.

Tant de femmes formaient l'entourage du roi : dames d'honneur de la reine mère, de Marie-Thérèse, et de Madame, que l'on peut dire que si Louis avait vu fréquemment Louise de La Vallière, il ne l'avait pas encore réellement « regardée ». Et ce qu'il découvrait maintenant qu'il avait posé son regard sur la jeune fille lui semblait en tous points charmant. Sa retenue l'enchante. Louis a bien remarqué que dès qu'il s'adressait à une quelconque beauté, la demoiselle aussitôt se pavanait, faisait des manières, battait des cils, jouait de l'éventail, enfin se livrait à tout un manège dont le roi ne faisait que rire. Rien de tel chez Mlle de La Vallière. Seule la rougeur qui a enflammé ses joues dénote l'émoi dont elle est envahie. Elle ne s'est pas tortillée ; sa voix d'une tonalité un peu sourde ne s'élève pas en un rire aigu, plus ou moins sincère, aux moindres paroles prononcées par la bouche royale. Elle reste naturelle, simple et cette attitude plaît infiniment au jeune souverain. Il se rend compte qu'il a en face de lui un être « vrai », dénué de toute afféterie.

Physiquement, il l'aurait peut-être désirée plus enveloppée. Aurait-il pu dire d'elle, comme François Ier d'Anne de Pisseleu : « Vous êtes semblable à un oiseau de paradis, avec davantage de plumes que de corps » ? Louise n'est guère plus grassouillette que Madame, que l'on dit franchement maigre. Mais si Louise manque de rondeurs, elle possède de fort beaux yeux d'un bleu de ciel printanier, et « dont la douceur vous ravissait quand elle vous regardait », dira Visconti. Ses cheveux, d'un blond argent – platine –, fins et soyeux, évoquaient plus les rayons lunaires que ceux du soleil. Même sa démarche un peu balancée, en raison de sa boiterie, lui donnait un attrait supplémentaire.

A tous ces charmes physiques, elle joint la franchise. Une franchise, une loyauté absolues envers le roi. Ce roi dont la majesté lui importe peu. C'est du jeune homme prénommé Louis-Dieudonné qu'elle est éprise. Sa réelle beauté d'alors, ses cheveux abondants et bouclés, sa haute taille, son regard dominateur qui peut devenir très doux quand il l'enveloppe toute, sa courtoisie. Il lui plaît, sans restriction aucune. S'il s'agissait d'un simple particulier, elle éprouverait pour cet homme les mêmes sentiments qui agitent son cœur, son âme, et même son corps, dont elle ne s'explique pas bien le trouble.

Le comte de Guiche et le comte de Brienne tournent autour de Louise. Loménie de Brienne n'a pas remarqué le manège du roi ; aussi, en soupirant timide, murmure-t-il à la jeune fille des douceurs « en passant », douceurs qui font naître un sourire sur les lèvres de la charmante. Le comte souhaite faire poser Louise en Madeleine pour le peintre Claude Lefebvre. Le roi surprend leur conversation et, curieux, s'informe du sujet.

– C'est, explique Brienne, que son visage a quelque chose des statues grecques qui me plaît fort.

Rapprochement plutôt inattendu que celui de la pécheresse de l'Evangile et de la statuaire grecque ! Louis n'insiste pas et passe, tandis que Louise est devenue écarlate. Le même soir, Brienne aperçoit le roi en train de parler avec animation à la Tourangelle. Une fois le souverain éloigné, le comte demande à Louise si elle est toujours disposée à être portraiturée en Madeleine. Avant qu'elle ait le temps de répondre, le roi, revenu sur ses pas, lance :

– Non, il faut la faire peindre en Diane, elle est trop jeune pour être peinte en pénitente.

Brienne comprend aussitôt qu'il a un rival, et quel rival ! Ce genre de rival dont il vaut mieux ne pas marcher sur les brisées. Cependant, Louis entraîne le comte à sa suite et s'isole avec lui :

– L'aimez-vous ? demande-t-il abruptement.

– Qui, sire, Mlle de La Vallière ?

– Oui, c'est d'elle dont j'entends parler.

« Alors, je me remis, relate Brienne dans ses *Mémoires*, et, me possédant extrêmement, je repartis avec une présence d'esprit admirable :

– Non, pas encore, sire, tout à fait, mais je vous

avoue que j'ai beaucoup de penchant pour elle et que, si je n'étais pas marié, je lui ferais offre de mes services.

– Ah ! vous l'aimez ! Pourquoi mentez-vous ? dit le roi fort brusquement et presque en soupirant.

Brienne réplique « avec beaucoup de respect » :

– Sire, je n'ai jamais menti à Votre Majesté. J'aurais pu l'aimer, mais je ne l'aime pas encore assez, quoiqu'elle me plaise, pour dire que j'en suis amoureux.

– C'est assez, et je vous crois.

– Mais, poursuit Brienne qui a pour ainsi dire été élevé avec Louis XIV, puisque Votre Majesté me fait tant d'honneur, me permettra-t-elle de lui découvrir ingénument ma pensée ?

– Oui, dites, je vous le permets.

– Ah ! sire, fait Brienne en poussant un gros soupir, elle vous plaît encore plus qu'à moi, et vous l'aimez !

– Oh ! bien, admet le roi, que je l'aime ou que je ne l'aime pas, laissez là son portrait et vous me ferez plaisir.

– Ah ! mon cher maître ! s'exclame Brienne « en lui accolant la cuisse », je vous ferai un plus grand sacrifice ; je ne lui parlerai de ma vie, et suis au désespoir de ce qui s'est passé. Pardonnez-moi cette innocente méprise et ne souvenez jamais de ce que j'ai fait.

– Je vous le promets, dit le roi en souriant. Mais tenez-moi votre parole et ne parlez de ceci à personne.

– Dieu m'en préserve, personne n'a plus de respect que moi pour Votre Majesté. »

Brienne, la gorge serrée, sent venir les larmes, car il a « les yeux et le cerveau fort humides ». Le roi s'en aperçoit :

– Vous êtes fou, à quoi bon pleurer ?... L'amour t'a trahi, mon pauvre Brienne : avoue ta dette !

– Je m'en garderai bien. Je pleure de tendresse pour vous, elle n'y peut avoir aucune part.

– Oh bien, soit ! je t'en ai trop dit. N'en parlons plus.

Brienne fait prudemment machine arrière. Probablement sincèrement épris, mais courtisan avant tout.

Quant à Armand de Gramont, comte de Guiche, on prétendait que c'était l'homme le plus séduisant de la cour. Il possédait un beau visage aux traits réguliers, des yeux noirs brillants ; suprêmement élégant, on parla longtemps de son habit de velours noir brodé de perles et orné d'un réseau de dentelle blanche, porté lors d'un bal donné par le chancelier Séguier, ainsi que de son étincelant justaucorps couvert d'or et d'argent arboré à l'occasion d'une revue du régiment des gardes françaises dont il était mestre de camp. De même que Brienne, il avait été le compagnon d'enfance de Louis XIV. « Un héros de roman qui ne ressemble point aux autres hommes », selon Mme de Sévigné. Il avait subjugué Philippe d'Orléans par son esprit et aussi plus intimement... De nos jours, nous dirions qu'il était bisexuel, car ses succès féminins ne se comptaient plus. Louise lui avait plu par sa réserve mais, plus perspicace que Brienne – ou plutôt moins amoureux –, il comprend rapidement qu'elle est chasse gardée. Il n'insiste pas ; cependant, il prononcera des paroles fort désobligeantes envers Mlle de La Vallière.

Peu après, Louise est représentée par Lefebvre en Diane, la chaste déesse de la chasse, la « Madeleine » ayant été abandonnée. Cependant, il est intéressant de savoir qu'un jour encore lointain, Louise de La

Vallière sera surnommée la « Madeleine française »...

Combien de temps la jeune fille va-t-elle pouvoir résister à la cour pressante de Louis ? Il lui fait parvenir un billet, qu'elle refuse de lire, mais le deuxième est caché prestement dans son décolleté afin de pouvoir le lire en secret. Au troisième, elle a recours au poète Benserade, car elle ne sait pas trop comment tourner sa réponse :

– Répondez pour moi, lui dit-elle, puisque vous savez l'art de dire non comme si vous disiez oui.

Lors des promenades en forêt, Louis, profitant de la nuit tombante, s'écarte de la calèche de Madame pour rejoindre celle de Louise dont la portière est abattue. Au début, Henriette approuve cette façon d'agir, croyant que le roi joue le rôle convenu en allant retrouver le « chandelier ». Elle se rend néanmoins vite compte qu'envers elle-même, l'attitude de Louis XIV a changé, et qu'au lieu de « jouer », il vit réellement les amours supposées. Or, Madame eût voulu garder pour elle seule le cœur de son beau-frère, et voici qu'elle réalise son imprudence : elle s'est donnée une rivale ! C'est vraiment un comble ! Il ne semble pourtant pas qu'Henriette et Louis aient été amants – bien que certains historiens, avides de détails croustillants, prétendent la réalité du fait. Le scandale eût été trop grand. Et nous ne voulons retenir que la phrase de Madame au moment de rendre le dernier soupir :

– Je ne vous ai jamais manqué, déclara-t-elle à Monsieur.

Coupable, elle n'aurait rien dit ; innocente, elle se devait de l'affirmer.

Mais nous n'en sommes pas encore là. Henriette, indiscutablement fort coquette, tient à ce que le roi conserve pour elle un attachement qui, sans être de l'amour, en eût l'apparence et l'agrément. Le troublant comte de Guiche, – encore lui ! – va se charger de remplacer Louis dans le cœur de Madame, à qui il paraît piquant de devenir ainsi la rivale de Monsieur...

Toute la cour est agitée par les répétitions du ballet des *Saisons*, dont Benserade a écrit le livret et Lulli composé la musique. La première représentation doit avoir lieu à la fin du mois de juillet. Depuis que les ballets, venus d'Italie, ont été introduits en France, il ne déplaisait pas aux souverains, à l'exemple du roi David, de danser devant leurs sujets. Louis peut, de cette façon, faire admirer ses jambes, qu'il a fort belles, et considère la danse comme un sport qui demande de la force, de la souplesse, de la grâce et de la concentration. Louis XIII, son auguste père, aimait beaucoup danser et participait à la plupart des ballets donnés à la cour.

Louis XIV s'est vu attribuer le rôle du Printemps, qui rend hommage à Phoebé, la « Radieuse », plus connue sous le nom d'Artémis, fille de Zeus, la chasseresse qui personnifie aussi Séléné, la Lune, déesse de la nuit. Cette dernière est, bien entendu, Madame. Phoebé est escortée de dix ravissantes nymphes parmi lesquelles on reconnaît Mlle de La Vallière que l'amour embellit de jour en jour.

Au point que le surintendant Fouquet [1] se dit que cette toute jeune Louise ne déparerait pas sa collection privée. Il a la réputation d'être « insatiable sur le chapitre des dames ». Comme il n'est pas homme à s'occuper de ces détails vulgaires, il envoie à Louise

1. Voir *Foucquet, coupable ou victime ?* par Georges Bordonove, chez le même éditeur.

une certaine dame Duplessis, chargée d'appâter la jolie enfant. La pourvoyeuse est on ne peut plus mal reçue par Mlle de La Vallière, qui fit « la capable ». L'entremetteuse a beau l'assurer de sa joliesse – « qui pourtant n'était pas bien grande », juge la dame, vexée d'être rabrouée. Elle a beau affirmer à Louise qu'avec un protecteur tel que le surintendant, elle ne manquera jamais de rien et qu'il tient 20 000 pistoles à sa disposition pour commencer. La dame en est pour ses frais.

– Madame, 200 000 livres ne seraient même pas capables de me faire commettre un faux pas ! lui réplique Louise toute frémissante d'honneur outragé.

Et Mme Duplessis termine sa lettre à Fouquet par cette phrase : « Je crains fort qu'elle n'en parle au roi, de sorte qu'il faut prendre les devants pour cela... »

Fouquet, dont la devise était « *Quo non ascendet ?* » « Où ne montera-t-il pas ? », illustrée par un mignon écureuil – un fouquet, en patois de l'ouest –, n'en aura pas le temps. Sa perte avait été d'ores et déjà décidée par Anne d'Autriche lorsque, le 27 juin, elle était allée à Dampierre rendre visite à la duchesse de Chevreuse. Il avait été alors grandement question des exactions et irrégularités dont se rendait coupable le surintendant, et que le ministre Colbert avait découvertes.

Le 17 août, toute la cour prend la direction du château de Vaux, propriété de Fouquet. Le prince de Condé, M. de Saint-Aignan, amis du roi, d'autres encore, ont lancé la mode de ces invitations, prétextes à de somptueux banquets, à des bals, à la création de ballets ou de pièces de théâtre, à des feux d'artifice, etc. En fin d'après-midi, le roi, accompagné d'une troupe de gardes et de mousquetaires, fait son entrée dans la cour du château. Marie-Thérèse n'a toujours pas l'autorisation de se déplacer, elle est maintenant à son septième mois de grossesse, mais Anne d'Autriche et Madame sont du voyage et, bien sûr, Louise.

Pour Louis XIV, Vaux est une révélation. Son royaume est donc à ce point riche d'artistes, d'artisans, d'architectes, de sculpteurs de génie ? Il lui paraît insupportable que ce soit un simple ministre qui le lui fasse remarquer, et en soit le bénéficiaire. Les splendeurs qui s'offrent à sa vue lui procurent plus de désagréments que de plaisirs. Louis ressent un sentiment de jalousie des plus pénibles.

Dans un théâtre de verdure, Molière fait représenter pour la première fois une comédie-ballet : *Les Fâcheux*. Molière n'ayant eu qu'une quinzaine de jours pour écrire la pièce, la mettre en scène et la faire répéter, l'intrigue en est fort simple : Eraste a donné rendez-vous à sa bien-aimée Orphise, mais leur entretien est sans cesse interrompu par des « fâcheux », qui viennent raconter leurs propres ennuis à l'amoureux agacé.

Le rideau levé, Molière apparaît et s'adresse au roi pour lui présenter ses excuses de n'avoir pas eu suffisamment de temps et d'acteurs pour donner à Sa Majesté un divertissement digne d'Elle. A peine achève-t-il que vingt jets d'eau s'élèvent et, au milieu d'eux, un gros rocher – le machiniste Torelli s'était surpassé.

D'abord aux yeux de l'assemblée
Parut un rocher si bien fait
Qu'on le crut rocher en effet ;
Mais insensiblement se changeait en coquille.
Il en sortit une nymphe gentille.

Une naïade – Madeleine Béjart – qui déclame le prologue en forme de louanges adressées au roi.

La soirée se termine par un éblouissant feu d'artifice. Tout a été parfait. Seule erreur – monumentale, mais si Fouquet l'avait évitée, cela n'aurait en rien changé son destin –, le surintendant a osé offrir au roi son domaine de rêve. On s'en doute, le roi a refusé avec hauteur.

Ayant pris congé de son hôte, une fois remonté dans son carrosse, Louis s'est contenté de confier à sa mère :

– Ah ! Madame, ne ferons-nous pas rendre gorge à tous ces gens-là ?

Le Soleil naissant n'admet déjà plus la moindre ombre dans son entourage.

Quelques jours plus tard, le 27 août, le roi part pour Nantes, soi-disant afin de présider la session des Etats de Bretagne. Fouquet, fiévreux, l'y rejoint. Le 3 septembre, jour anniversaire du roi, Louis signe l'ordre d'arrestation de son surintendant. Le capitaine d'Artagnan, commandant une brigade de mousquetaires, est chargé de la besogne.

Quel rôle a tenu Louise dans l'affaire ? Est-il même certain qu'elle ait parlé au roi ? A ce sujet, les avis sont partagés.

Louis revient de Nantes à bride abattue. Il a abandonné son carrosse, trop lent à son gré, tant il a hâte de retrouver sa bien-aimée. Quelle déception est la sienne de ne pas être accueilli par les ravissants sourires de Madame et, surtout, de Louise ! Les Orléans sont partis pour Saint-Cloud emmenant toute leur suite.

Après quelques heures de repos, le roi, en proie à un désir irrésistible, exaspéré par la déception ressentie, sous prétexte de travaux à inspecter aux Tuileries, à Versailles et à Vincennes, enfourche le meilleur de ses chevaux et, à l'aube, se met de nouveau à galoper à franc étrier en direction cette fois de la capitale. En hâte, il fait le tour de ses chantiers et va dîner chez Monsieur, à Saint-Cloud, afin d'apercevoir un court instant, un trop court instant, sa fraîche amoureuse. Quelques regards lourds de signification, quelques phrases – banales –, et le roi doit repartir. Il retourne à Fontainebleau où il parvient dans la soirée, ayant parcouru plus de trente-sept lieues – cent quarante-huit kilomètres – dans la journée. Bel exploit sportif et amoureux !

Par chance pour les amants, les Orléans reviennent à Fontainebleau pour la saison des chasses. Louise est une amazone émérite. Sa hardiesse fait l'admiration de Louis et tous les bons cavaliers reconnaissent sincèrement ses qualités. Elle porte un habit d'homme gris à la taille bien prise, soulignée d'une ceinture-écharpe drapée. La jupe est droite et large, avec des rangées de brandebourgs comme sur la veste. Un tricorne surmonté de plumes blanches est posé crânement sur ses cheveux lumineux qui volettent dans le vent de la course. Son teint s'est avivé de rose aux pommettes, mais c'est d'une main solide, d'une poigne sûre qu'elle tient les rênes et contraint son cheval à lui obéir en tout. Quelle volonté sous son aspect si frêle !

L'amour la transfigure.

Quand leur première rencontre intime eut-elle lieu ? On ne sait. Louis est peut-être surpris de la virginité de sa partenaire. D'après ce que nous savons de la vie sexuelle du roi, il a plutôt tenu jusqu'alors entre ses bras des femmes bien rodées. Le séducteur en est certainement ému. A cette époque, se donner, pour une jeune fille, est un acte grave, et, pour une chrétienne pratiquante et croyante, une faute, un péché. Louise est déjà pleine de remords.

N'a-t-elle pas entraîné le roi dans l'adultère ? La reine ne sait rien, heureusement, mais Anne d'Autriche est consternée. Elle reproche même à Madame de ne pas avoir veillé sur cette toute jeune fille qui appartenait à sa maison. Madame n'est pas d'humeur à accepter des réprimandes d'autant plus méritées que celles-ci sont parfaitement justes.

Curieusement, Monsieur reproche aigrement à son frère de « manquer au point d'honneur », parce qu'il est tombé amoureux d'une fille d'honneur de la duchesse son épouse.

Les reproches de la reine mère ont certainement plus de poids. Elle lui parle de Marie-Thérèse, d'un tempérament jaloux, et qui risquait d'accoucher prématurément si elle apprenait l'aventure de son époux bien-aimé. Quel scandale cela provoquerait ! Et puis Louis a-t-il pensé à ses devoirs religieux ? Déjà, il ne communie plus, ne voulant pas se séparer de Louise et ne tenant pas à se montrer hypocrite.

Le souverain assure à sa mère qu'il agirait avec prudence, et dissimulerait à tous les sentiments qu'il éprouvait envers Mlle de La Vallière. Une chose est certaine, il ne risque pas avec elle de la voir parader et montrer ostensiblement de qui elle est l'élue.

Louise aime et cela ne regarde que Louis et elle.

En ce milieu du XVIIe siècle, la grande mode pour les amoureux est de s'adresser des vers galants, et le roi ne croit pas indigne de sa propre majesté de sacrifier à cette coutume. Avec l'aide et les conseils du marquis poète Dangeau, il réussit à trousser quelques chansonnettes et, fier de sa réussite, il veut se lancer dans le madrigal, nous relate Mme de Sévigné. N'étant pas totalement satisfait de son œuvre, il avise un matin à son lever le maréchal de Gramont, il la lui fait lire, sans toutefois lui révéler le nom de l'auteur.

– Depuis qu'on sait que, depuis peu, j'aime les vers, on m'en apporte de toutes les façons. Que pensez-vous de ceux-ci que je trouve bien impertinents...

Gramont, le plus flatteur des courtisans, ne se doute de rien. Et puisque le roi n'apprécie pas ces vers, il s'empresse de lui donner raison :

– Sire, Votre Majesté juge divinement bien de toutes choses : il est vrai que ce madrigal est le plus sot et le plus ridicule que j'aie jamais lu.

– N'est-il pas vrai, dit Louis en riant, que celui qui l'a fait est bien fat ?

– Sire, il n'y a pas moyen de lui donner un autre nom.

– Eh bien, reprend le roi, je suis ravi que vous m'en ayez parlé si honnêtement : c'est moi qui l'ai fait !

– Ah ! sire, quelle trahison, s'exclame Gramont, effondré de sa bévue. Que Votre Majesté me le rende, je l'ai lu brusquement...

– Non, monsieur le Maréchal, les premiers sentiments sont toujours les plus naturels.

Et le roi-soleil, détestant la médiocrité, se promit bien de ne plus jouer au poète. Cependant, il a envoyé à Louise quelques vers tracés au dos d'une carte à jouer représentant un deux de carreau. Elle lui répondit – peut-être avec l'aide de Benserade, à moins que ce ne soit de Dangeau :

Pour m'écrire avec plus de douceur,
Il fallait choisir un deux de cœur.
Les carreaux ne sont faits, il me semble,
Que pour servir Jupiter en courroux,
Mais deux cœurs qui sont unis ensemble
Peuvent-ils rien s'annoncer que de doux.

Si Louise a suffisamment de temps pour fignoler ses missives, il n'en est pas de même pour le roi, qui trouve plus simple de charger Dangeau du soin de les rédiger. Lettres fort courtoises et délicates. La Tourangelle sent qu'elle n'est pas de taille pour répondre à ces petits chefs-d'œuvre, et demande, elle aussi, à Dangeau de la tirer d'affaire. Ce manège épistolaire dura une année entière, jusqu'au jour où Louise, confuse des compliments que Louis lui prodiguait sur son esprit, lui avoua la vérité. Ils rirent tous deux de bon cœur, quand le roi lui révéla qu'il avait utilisé le même secrétaire dont ils louèrent l'un et l'autre l'infinie discrétion.

III

FAVORITE

VERS la fin octobre, Marie-Thérèse approche de son terme. Tout le monde à Fontainebleau est anxieux. La petite reine grassouillette gémit :

– *Non quiero parir, non quiero morir !* (Je ne veux pas enfanter, je ne veux pas mourir !)

Elle n'est pas encore parvenue à bien maîtriser la langue française et elle ne parviendra d'ailleurs jamais à la parler correctement.

Le 1er novembre 1661, la pieuse Louise, partagée entre le bonheur de voir Louis se confesser, communier, et la crainte que ce ne soit le signe d'une rupture entre le roi et elle, Louise, déchirée par ces sentiments si opposés, s'abîme en prière. A midi, toutes les portes de sa chambre grandes ouvertes, comme il se doit, la reine accouche en public d'un fils beau et bien conformé. Ravi et fier que son premier enfant soit un mâle, Louis XIV présente à la foule, qui a envahi la cour Ovale, le dauphin de France, prénommé Louis et qui sera appelé plus tard le Grand Dauphin. Des courriers partent aussitôt au grand galop dans toutes les directions pour annoncer l'heureuse nouvelle à travers le royaume.

La cour quitte Fontainebleau le 4 décembre 1661 pour réintégrer le Louvre. Le roi s'empresse de se rendre aux Tuileries où se trouve Madame, alitée en raison de sa grossesse. Louis n'a pas vu sa Louise bien-aimée depuis une quinzaine de jours, autant dire un siècle quand on s'aime ! Vite, Louis entraîne Mlle de La Vallière dans un cabinet dont toutes les portes restent ouvertes, « mais on était plus éloigné d'y entrer que si elles avaient été fermées avec de l'airain », nous assure Mme de La Fayette. Nul témoin donc pour relater ce que les amoureux se sont dit... Probablement les phrases que prononcent tous les amants du monde en se retrouvant : « Que le temps m'a paru long sans vous, mon cœur... » Ou bien, ou encore : « Il me tardait de vous revoir, ma chère âme... »

Le 10 décembre 1661 a lieu un pèlerinage d'action de grâces à Chartres, afin de remercier le Ciel d'avoir bien voulu donner un dauphin au royaume de France.

Somptueux souper aux Tuileries à l'occasion de la fête des Rois. Bal chez Monsieur, suivi, le 8 janvier 1662, de la représentation d'une pièce de Pierre Corneille : *La Toison d'or*. Le 19 du même mois, Henriette, enceinte de huit mois, ne participe pas au ballet qui compte neuf entrées. Dolente, elle préfère rester confinée dans sa chambre, entourée de ses demoiselles d'honneur. Louise déplore assurément de ne pas pouvoir admirer son cher amour splendidement déguisé en Soleil, et esquissant quelques pas de danse avec autant de grâce que de majesté. Le 29 janvier, bal au Louvre ; le 7 février, ballet intitulé *Hercule amoureux* dans lequel paraît Mlle de Tonnay-

Charente, fille du duc de Mortemar. Elle fait ainsi ses débuts à la cour. Sa beauté est éblouissante, mais Louis n'a d'yeux que pour Louise qu'il ne rencontre pas assez fréquemment à son gré. Il souhaite des entretiens plus intimes que ceux qui ont lieu dans un cabinet portes ouvertes ou dans l'embrasure d'une fenêtre. « Feignez d'être souffrante, mon amie, et je viendrai prendre de vos nouvelles... » Le désir de son bien-aimé est un ordre bien volontiers suivi. Louise simule des malaises, et Madame l'autorise à garder la chambre... où elle connaît avec Louis des instants de bonheur intense. Elle tient dans ses bras, contre son cœur, celui qu'elle aime par-dessus tout, son amour, son amant, son dieu, celui qui s'est emparé non seulement de son corps, mais aussi de son âme.

Chez Madame, Mlle de La Vallière retrouve avec plaisir Mlle Anne de Montalais, sa meilleure amie du temps de leur adolescence à Blois. Les deux jeunes femmes ne se quittent plus, ce qui a le don d'agacer prodigieusement Louis qui n'éprouve aucune sympathie pour Anne et se méfie instinctivement de cette coquette au nez pointu, à l'œil fouineur, à l'oreille toujours aux aguets, prête à accueillir tous les potins et ragots de la cour. Louise trouve en elle une confidente rêvée pour dire et redire son éblouissant amour. Cela déplaît à Louis, jaloux de cette intimité féminine. Il veut Louise à lui tout seul, et se détermine à défendre à sa bien-aimée de n'avoir aucune relation avec Mlle de Montalais.

Il est surprenant que, passionnément amoureuse comme Louise l'était, elle ne se soit pas inclinée devant la volonté de son amant. Peut-être estime-t-elle que c'est là un abus de pouvoir, ou bien croit-elle qu'il ne s'agit que de paroles en l'air. Toujours est-il qu'elle n'en tient pas compte et continue à passer une partie de la nuit à bavarder et rire avec son amie. Celle-ci lui confie, dans le plus grand secret, bien entendu, qu'un flirt rapproche Madame et le comte de Guiche. Le roi se doute de cette intrigue et questionne longuement son amie puisqu'elle se trouve forcément aux premières loges chez Madame. Louise, gênée, se trouble. Louis s'en aperçoit et insiste aussitôt. L'embarras de Mlle de La Vallière redouble, mais, loyale, respectueuse de la parole donnée, elle se tait. Elle ne porte peut-être pas une grande estime à la duchesse d'Orléans, mais elle pense que ce n'est pas à elle à révéler ce qui lui a été confié.

Le roi n'apprécie guère qu'on lui résiste. Louise ne lui a-t-elle pas promis naguère de ne rien lui cacher ? Le roi se fâche sérieusement. Ainsi, celle qu'il aime se montre capable de dissimulation ? De lui taire ce qu'il désire connaître ? Cela le déçoit, profondément. Elle n'est donc pas totalement sienne puisqu'elle est susceptible de lui celer quelque chose. Il quitte Louise en proie à une violente colère. La pauvre amante passe une nuit blanche à attendre, espérer, désespérer tour à tour. Elle guette. Elle prête l'oreille au moindre bruit. Sursautant. Courant à la porte... Rien. Les premières lueurs de l'aube pâlissent sa fenêtre quand Louise, épuisée de larmes, à bout de nerfs, croyant avoir à tout jamais perdu l'amour de Louis, l'esprit en déroute, jette sur ses épaules une longue cape qui l'enveloppe de la tête aux pieds. Elle s'enfuit des Tuileries, marche en titubant dans les allées, traverse le Cours-la-Reine, suit les rives de la Seine, effleurée peut-être par la tentation de se jeter dans l'eau glauque, et échoue enfin devant le portail du couvent, situé sur la butte Chaillot, où logent des chanoinesses qui chantent alors matines.

Louise soulève le lourd heurtoir et le laisse retomber.

La sœur tourière hésite à laisser entrer cette fille échevelée, livide de fatigue, les yeux rougis, et l'autorise tout juste à pénétrer au parloir en attendant la fin de l'office. A peine s'est-elle assise qu'elle glisse à terre, évanouie.

Aux Tuileries, sa colère passée, Louis s'étonne de ne pas trouver Louise. Il s'informe auprès de Madame, qui ne l'a pas vue de la matinée. Les autres filles d'honneur non plus. Mlle de Montalais déclare que, la veille, Mlle de La Vallière lui a lancé : « Je suis désespérée parce que je suis perdue à cause de vous ! »

Monsieur est le seul à se réjouir de cette absence. Si Louise fait sa réapparition, il assure qu'il ne la reprendra pas dans sa maison.

Ce matin-là, Louis XIV reçoit en audience de congé don Cristobal de Gavina, ambassadeur de Sa Majesté Catholique. A la fin de l'audience, le souverain remarque une légère agitation parmi les courtisans présents.

– Que se passe-t-il ? demande Louis à son ami Saint-Aignan.

Celui-ci l'informe que Mlle de La Vallière se trouverait au couvent de Chaillot. L'ambassadeur, s'étant incliné une dernière fois, a soulagé le roi de sa présence. Louis demande alors son cheval, saute en selle et, suivi seulement de deux familiers et d'un officier de ses gardes, galope vers la butte de Chaillot.

Les chanoinesses, fort surprises d'une telle visite, plongent en de profondes révérences. Louis s'impatiente un peu : où se cache Mlle de La Vallière ? L'abbesse interroge alors la sœur tourière qui ouvre la porte du parloir. Louise est toujours là, étendue sur le parquet dur et froid, le visage bouffi de larmes. Bouleversé, Louis la relève et, d'un geste, chasse les personnes présentes. Il veut demeurer seul avec sa bien-aimée. Louise, n'ayant plus la force de résister, confesse tous les secrets qui lui ont été confiés : billets galants de Guiche à Madame, leurs rendez-vous en cachette, etc. Le roi ne fait aucun reproche à Louise. Il se rend compte à quel point la chère âme est épuisée. Tous deux pleurent de s'être blessés l'un l'autre. Ce sont aussi des larmes de bonheur de se retrouver après la tempête. Louis envoie chercher une voiture pour ramener Louise aux Tuileries, et revient lui-même à cheval. Il passe par le petit degré afin que nul ne remarque ses yeux rougis.

Rentré dans ses appartements, le roi fait appeler sa belle-sœur, qui ne se montre nullement disposée à reprendre Mlle de La Vallière parmi ses filles d'honneur. Louis l'informe alors qu'il est au courant de son marivaudage avec le comte de Guiche. Henriette s'insurge. Elle trouve que c'est du chantage de la part du roi, qui lui enjoint de rompre avec son galant. Madame finit par y consentir. Elle est loin d'éprouver des sentiments sincères pour son amoureux épistolaire, mais elle s'entête à ne pas vouloir de Louise près d'elle. Monsieur s'y opposerait sûrement, assure-t-elle. Louis XIV insiste. Il se charge de convaincre son frère. Il utilise de tels arguments qu'il finit par gagner la partie : Louise reprendra son poste.

Dans cette aventure, Louise a révélé son caractère passionné. Sous un dehors doux et paisible brûle une flamme ardente qui la pousse en avant, la déchaîne inconsidérément, sans réfléchir. Elle ne vit, ne respire, n'existe réellement que par et pour son amour. Louis et Louise ont été secoués profondément. Si le roi ne lui a pas fait de reproches, il souffre néanmoins à la pensée que Louise a pris à la légère sa demande, en ne lui obéissant pas. De son côté, Louise n'a pas compris à quel point son amant est jaloux, exclusif. Il va jusqu'à poser des questions à Louise sur son passé, principalement sur son amourette avec Bragelongne, amourette si innocente et sans importance. Anne de Montalais, interrogée, le rassure sur ce point. Mais, sans cesse, il tente d'en savoir davantage. Louis aurait voulu que le cœur de Louise n'eût jamais battu que pour lui, qu'elle eût été vierge de cœur comme de corps.

La Montalais recommence, ou plutôt continue de jouer les entremetteuses. Ce jeu l'amuse trop pour y renoncer. Elle épie ce qui peut bien se passer entre Olympe de Soissons et le roi. On s'en souvient, à Toulouse, alors que Louis attendait le moment de son mariage, il avait fleureté avec elle. Mme de Soissons, surintendante de Marie-Thérèse, aurait bien voulu, dans le cœur du roi, occuper la place de Louise pour qui elle n'avait que mépris. Elle la considérait comme une petite provinciale sans esprit. Qu'on ne se l'imagine pas amoureuse du roi : seule l'ambition l'anime. Pendant quelque temps, elle avait été « la maîtresse de la Cour, des fêtes et des grâces », assure Saint-Simon, mais il ne semble pas qu'elle ait été celle de Louis XIV. Cependant, les fréquentes visites que le souverain lui faisait inquiétaient Louise. En son cœur naissait la jalousie, ce sentiment taraudant qui procure tant de souffrances. Elle pressentait une ennemie en Olympe et ne se trompait pas.

Olympe de Soissons avait pour amant le séduisant, hypocrite et faux marquis de Vardes. Aussi ambitieux, si ce n'est plus, que sa maîtresse. Tous deux ont formé le projet insensé de dominer l'esprit, le cœur et les sens de Louis XIV, et Mlle de La Vallière se dresse comme un obstacle sur leur route. Pourquoi ne pas tenter de l'éliminer en la faisant disgracier, par exemple ? Les fourbes ne peuvent imaginer la profondeur de l'amour de Louis. Ils pensent que rien ne sera plus simple que de faire parvenir une lettre anonyme à la pauvre reine Marie-Thérèse qui lui apprendrait ainsi son triste état de femme trompée. Jalouse comme elle l'est, elle réclamera sûrement le renvoi de sa rivale. Si par hasard le roi s'entêtait à garder sa bien-aimée, les conspirateurs tâcheraient d'attirer Louise à l'hôtel de Soissons pour l'enjôler et la tenir sous leur coupe.

Le texte original de la lettre anonyme n'a pas été retrouvé ; cependant, il est possible de s'en faire une idée en lisant un libelle paru à l'époque :

« A la reine,

« Le roi se précipite dans un dérèglement qui n'est ignoré de personne que de Votre Majesté : Mlle de La Vallière est l'objet de son amour et de son attachement. C'est un avis que vos serviteurs fidèles donnent à Votre Majesté. C'est à vous de savoir si vous pouvez aimer le roi entre les bras d'une autre ou si vous voulez empêcher une chose dont la durée ne vous peut être glorieuse. »

Le comte de Guiche est chargé de traduire la lettre en langue espagnole, car Marie-Thérèse ne faisait guère de progrès dans notre langue. Elle aurait peut-être eu du mal à saisir le sens de la missive. Les lignes perverses sont glissées dans le courrier en provenance de Madrid. Or, Maria Galina, la première femme de chambre de la reine, apercevant le pli, redoute l'annonce d'une mauvaise nouvelle. En effet, le père de Marie-Thérèse, le roi Philippe IV d'Espagne, est fort malade. Se peut-il que le document soit la notification de son décès ? Après avoir longuement réfléchi, la señora Galina prend le parti d'ouvrir le pli, afin, s'il est nécessaire, de préparer la reine avec ménagements à la pénible nouvelle. Il est facile alors d'imaginer l'étonnement offusqué de l'Espagnole. Il n'est pas question pour elle de faire lire cette ignominie à sa maîtresse. Nouvelle réflexion qui la fait se rendre chez la reine mère. Anne d'Autriche, mise au courant, conseille d'attendre le retour de Louis parti pour Versailles. Le soir, Maria Galina attend le roi à la porte de son cabinet. Elle lui tend le billet. Après l'avoir lu, Louis s'inquiète :

– La reine a-t-elle eu connaissance de ceci ?

– Non, sire.

– Est-elle au courant de quelque chose ?

– Apparemment pas, sire.

Vardes, qui se trouve à ce moment auprès du roi, comprend, en voyant ce dernier glisser le papier dans sa poche, que leur manigance a échoué.

Louis éprouve un vif désagrément d'apprendre cette intrusion dans sa vie privée. Sans être amoureux de son épouse, il l'aime bien et ne veut pas lui causer de peine. Il a le tort d'interroger Vardes, son ami, qu'il croit être de bon conseil en raison de son âge – la quarantaine. Le marquis aiguille le roi du côté de deux femmes absolument innocentes de la moindre intrigue : la Grande Mademoiselle, d'un comportement souvent imprévisible, et la duchesse de Navailles, pour l'unique raison que la comtesse de Soissons la déteste pour des questions de charges et de privilèges.

Au bout d'un certain temps, aucun indice n'ayant été révélé – et pour cause –, Louis XIV tire un trait sur l'intrigue, dont on trouve pourtant trace dans les archives des Affaires étrangères.

Au mois de mars 1662, le chanoine Jacques Bénigne Bossuet prêche pour la première fois au

Louvre devant toute la cour, puisque Louis XIV et la reine, ainsi qu'Anne d'Autriche, sont au premier rang des fidèles. L'éloquence de Bossuet séduit. Il prêche l'amour, mais non pas l'amour humain, cette « idole qui usurpe l'empire de Dieu ». Avec la plus grande liberté, il s'adresse au roi et lui enjoint de n'avoir de cœur que « pour aimer et faire aimer Dieu ». Le jeune souverain en est loin. Bien loin, en effet, de « l'essentielle obligation que Dieu impose à l'homme de ne rien aimer qui ne se rapporte à Lui ».

Pour le dimanche des Rameaux, le 2 avril, Bossuet conseille au roi :

– Portez la gloire de votre nom et celle du nom français à une telle hauteur qu'il n'y ait plus rien à vous souhaiter que la félicité éternelle.

Cela arrivera un jour, mais bien plus tard.

Le sermon du vendredi de la Passion semble avoir été prononcé à l'intention de Louise de La Vallière. Pourtant il n'en est rien, bien que l'histoire de la pécheresse Madeleine fasse penser à la jeune femme. Ce n'est que dans quelques années qu'elle présentera un visage « tout couvert de honte ». Elle ne ressent pas, pour l'instant, de « douleur immense », elle n'est pas « accompagnée par la honte ». Pas encore. Elle n'est que toute à son amour.

Il fallait fêter avec éclat la venue au monde du dauphin. Six mois avaient été jugés nécessaires pour préparer le spectacle que le roi a exigé grandiose. La place Royale, utilisée par Louis XIII, est estimée de trop peu d'étendue pour les milliers de spectateurs attendus. La cour des Tuileries est finalement choisie. A cette époque, elle est circonscrite par le palais lui-même, la galerie du Louvre, les grandes écuries, et quelques maisons anciennes du quartier des Quinze-

Vingts. Pour le confort des trois reines – Marie-Thérèse, Anne d'Autriche et Henriette de France – ainsi que pour Madame et toutes les filles d'honneur, on construit une tribune tapissée de satin rouge vif souligné de lisérés or. Un dais de velours violet protégera ces dames des ardeurs du soleil ou du désagrément de la pluie.

Le 5 juin 1662, les sonneries de trompettes retentissent, interrompant le bavardage des milliers de personnes groupées sur la place. Les timbaliers abattent en cadence leurs mailloches sur la peau de leurs instruments. Ce sont eux qui ouvrent le carrousel. Ils sont suivis par des valets de pied costumés en licteurs, la hache et le faisceau sur l'épaule. Viennent ensuite deux écuyers, l'un portant la lance du roi, l'autre son bouclier orné d'un soleil dissipant les nuages et souligné par la devise : *Ut veni, vici* (Sitôt venu, j'ai vaincu). Tous guettent l'apparition de Louis XIV.

Des applaudissements frénétiques, des vivats, des cris d'enthousiasme accueillent Louis à son entrée. Le souverain est monté sur un cheval de parade, un palefroi isabelle. Il est en costume d'empereur romain, comportant un corps en brocart d'argent brodé d'or, parsemé de diamants et dont les épaules sont retenues par des agrafes de pierreries. Trois écharpes de cent vingt roses de diamants partent de la cuirasse. La jupe, courte, laisse admirer les longues jambes au galbe classique, émergeant de bottines de brocart d'argent. Coiffant sa superbe chevelure, un casque d'argent à feuilles d'or surmonté d'un panache de plumes en forme de crête. Sa main droite brandit une javeline en or et de sa gauche pend un cimeterre tout endiamanté « qu'à peine voyait-on l'or dans lequel ils étaient enchâssés ».

Le roi est suivi d'une escorte de Romains plus

emplumés les uns que les autres. On reconnaît au passage Noailles, Armagnac, Navailles, Saint-Aignan, Vivonne, Lude, Villequier et Richelieu. Tous s'inclinent en une douce ondulation de plumes. Les Quatre Parties du Monde – les quatre quadrilles – rendent hommage au dauphin.

Monsieur, en roi de Perse, conduit le premier quadrille. Le deuxième est mené par le prince de Condé, costumé en empereur des Turcs, le troisième par le duc d'Enghien en grand chef indien, et le quatrième par le duc de Guise en roi des Américains. Tous ces pseudo-souverains étrangers portent des costumes pleins d'originalité et caracolent sur des montures aussi emplumées qu'eux-mêmes.

Isaac de Benserade a été chargé de composer pour chacun un couplet et une devise. On l'a vu, Louis XIV a choisi le soleil pour emblème – c'est ce que son orgueil pouvait trouver de mieux – et la devise qui l'accompagne : « *Nec pluribus impar* » (Non égal à plusieurs), sera gravée même sur les canons royaux.

Le défilé terminé, nouvelle sonnerie de trompettes, et les hérauts annoncent la première épreuve : la course de têtes. Il s'agit d'abattre le plus grand nombre des têtes en carton placées à différentes hauteurs le long d'une palissade. Louis en abat seize, mais il est battu d'une courte tête – si j'ose dire – par le marquis de Bellefonds, qui reçoit, des mains de la reine, une boîte en or ornée de diamants.

Louise, assise au deuxième rang, au milieu des dames d'honneur, ne quitte pas des yeux l'objet de son amour. Qu'il est beau ! Combien il resplendit ! Le cœur de la jeune femme bat à coups redoublés quand Louis passe devant la tribune. Elle se demande si son regard l'a cherchée ? Ou bien pense-t-il à ce moment à Mlle de La Mothe-Houdancourt, que la comtesse de Soissons, après le fiasco de la lettre anonyme, a aiguillée vers Louis XIV ? C'est une blonde, coquette, hardie. Cependant, ses charmes n'ayant pas allumé le désir du roi, Mme de Soissons glisse dans le creux de l'oreille du souverain qu'il avait provoqué chez Anne-Lucie une « passion extraordinaire ». Quel homme se montrerait-il capable de résister à un pareil feu vert ?

Au cours d'un séjour à Saint-Germain, Louis, alléché, tente d'approcher de la belle pour assouvir l'envie d'elle qui lui était venue. Or, les filles d'honneur de la reine, dont elle fait partie, sont farouchement gardées par Mme de Navailles, qui, « au péril de déplaire », déclare avec franchise au roi :

– Sire, je vous supplie de porter ailleurs que dans la maison de la reine les objets de vos plaisirs, puisque vous avez fait choix de Mlle de La Vallière.

Il ne faut pas imaginer Mme de Navailles comme une sévère gardienne de prison, une duègne prude et revêche ; c'est au contraire une femme charmante, aimable et spirituelle, totalement dévouée à Anne d'Autriche, dont elle mérite toute la confiance. Louis ne lui tient pas rigueur de cette gronderie, et ne fait qu'estimer la conduite de Mme de Navailles.

Cependant, la sensualité de Louis est toujours en éveil, et s'est fixée sur les appas de Mlle de La Mothe-Houdancourt qu'il est maintenant avide de posséder. Il va même s'aventurer sur les toits du château pour tenter de découvrir une issue, une fenêtre ouverte afin d'essayer de la rejoindre dans la grande chambre qu'elle partage avec d'autres demoiselles d'honneur. Têtu, il parvient à démonter dans la nuit les barreaux que Mme de Navailles avait fait poser à la fenêtre.

Anne-Lucie joue à la grande coquette. Elle feint de vouloir se donner pour mieux se refuser. Elle poursuit le but indiqué par la comtesse de Soissons : remplacer Louise de La Vallière dans le lit du roi. Mais celui-ci ne ressent pour l'ambitieuse que du désir sexuel. Le cœur n'y a point part. Comme la plupart de ceux qui veulent capturer une belle proie, Louis offre des pendants d'oreilles à Anne-Lucie qui croit habile de les refuser en lui lançant :

– Je ne me soucie ni de vous ni de vos pendants, puisque vous ne voulez pas quitter La Vallière !

Elle ose même lui déclarer un jour qu'il avait peut-être risqué un geste plus investigateur :

– Sire, je sais le respect que je dois à Votre Majesté, mais si vous m'approchez, je vous étranglerai !

Ne présumait-elle pas un peu de sa force ?

Louis n'apprécie guère qu'on lui résiste à ce point. Sa mine devient morose. Anne d'Autriche, qui connaît bien son fils, fait surveiller Mlle de La Mothe-Houdancourt et le but de l'intrigue est promptement découvert. La reine mère apprend que les lettres fort aguicheuses de la coquette ont été tout bonnement rédigées par le marquis d'Alluye et sa fiancée, Mlle de Fouilloux, qui tous deux s'y entendent pour trousser d'amoureux poulets. Anne d'Autriche estime que si le tempérament fougueux de son fils ne parvient pas à se contenter de son épouse, une suppléante telle que la douce et discrète Louise de La Vallière est de beaucoup préférable à une fieffée coquine, hypocrite et menteuse, entraînée par des ambitieux sans scrupules. Anne d'Autriche révèle toute la manœuvre à Louis qui se montre fort vexé de s'être laissé mener comme un benêt. Le soir même, il rompt toutes relations amoureuses avec Mlle de La Mothe-Houdancourt au grand soulagement de son amant.

Une fois de plus, la comtesse de Soissons a manqué son coup.

Louise, qui n'avait pas été à Saint-Germain pour rester auprès de Madame, a appris l'aventure, probablement par les bons soins de l'indiscrète Montalais, avec laquelle elle correspond. La jalousie plonge Louise dans des « désespoirs inconcevables ». Louis saura lui faire comprendre qu'il l'aime sincèrement de tout son cœur, mais il ne peut résister à ses pulsions sexuelles, qui le tourmenteront jusqu'à un âge avancé. Il sait heureusement trouver les paroles qui ramènent le sourire sur le visage de sa bien-aimée.

« Malgré ses bouillantes passions et les reproches qu'il s'en faisait, remarque l'abbé Le Queulx, Louis XIV revenait toujours à celle qui, par la bonté de son caractère et par un amour aussi vif que sincère, plus encore que pour les charmes de sa personne, l'avait subjugué sans art et sans étude. »

Marie-Thérèse, bien qu'enceinte pour la deuxième fois, commence à se douter que son époux ne s'occupe pas uniquement de ses appas. Jalouse et sensuelle – elle se frotte les mains avec un sourire coquin quand le roi a rempli son devoir conjugal –, son instinct l'avertit des coups de canif donnés par son cher mari dans le contrat qui les lie. Cependant, elle pensait, avec quelque retard, qu'il s'agissait de Madame ou bien de Mlle de La Mothe-Houdancourt. Les entours du souverain riaient ironiquement de ces méprises, Louis XIV le premier, ce qui n'était guère charitable ni très galant. Pourtant, loin d'être aussi sotte qu'on le prétend, Marie-Thérèse remarque bien un jour les regards échangés entre le mari volage et Mlle de La Vallière dans la grande galerie du Louvre. Peu de jours après, apercevant Louise qui se rend dîner chez la comtesse de Soissons, Marie-Thérèse murmure à l'oreille de Mme de Motteville :

– *Esta donzella con las arrecadas de diamantes, es esta*

que el rey quiere. (Cette fille aux pendants d'oreilles de diamants, c'est celle que le roi aime.)

Mme de Motteville en reste bouche bée. Jusqu'à présent la liaison royale est tenue secrète, et la dame d'honneur se sent affreusement gênée. Elle bredouille quelques phrases « qui ne veulent dire ni oui ni non », et pour préparer la petite reine à ce qu'elle viendrait à apprendre un jour ou l'autre, et « lui donner des forces pour l'avenir », elle tente de la persuader « que tous les maris, sans cesser d'aimer leurs femmes sont pour l'ordinaire tous infidèles de cette manière ».

Marie-Thérèse reste sceptique...

Qu'on ne s'imagine pas Louise vivant son grand amour en sérénité. Sa conscience la tourmente. La grossesse de la reine la met en face des réalités de la chair et des devoirs conjugaux qu'un roi, soucieux de bien établir sa dynastie, se doit d'accomplir. Voir Marie-Thérèse alourdie et satisfaite la trouble profondément. Elle sort du rêve où elle pouvait s'imaginer que les époux royaux vivaient comme frère et sœur... Louise doit s'aliter durant quelques jours sans que l'on connaisse la raison exacte de cette indisposition.

Loret, le poète, toujours au courant des moindres détails de la vie de la cour, trace ces vers sur ce mini-événement :

La Cour est en bonne santé,
Je n'y sache aucun alité,
Sinon l'aimable demoiselle
Que de La Vallière on appelle,
De Madame, fille d'honneur
Et qui possède le bonheur
D'infiniment charmer et plaire
Par son mérite extraordinaire.
Mais pour elle on fait tant de vœux

Qu'assurément croire je veux
Que le ciel prendra pitié d'elle,
Et que les yeux de cette belle,
Ses grâces, ses chastes attraits
Rebrilleront mieux que jamais.

Le décès de la « petite Madame », survenu peu après sa naissance, donne l'occasion à Louis XIV d'emmener Marie-Thérèse à Saint-Cloud, chez Monsieur, sous prétexte de faire prendre l'air à la jeune mère éplorée. En réalité, les larmes de Louis promptement taries – il les avait faciles mais peu abondantes –, c'est plutôt pour retrouver sa bien-aimée Louise, toujours au service de Madame.

Le 8 janvier 1663, grande fête au Palais-Royal où l'on danse le ballet des *Arts* avec une musique de Lully sur un livret de Benserade. Il était question des amours d'un chasseur de loups et d'une bergère. Les personnages de la pastorale y échangeaient des propos badins faisant allusion aux multiples intrigues des courtisans, aux amours naissantes, aux ruptures plus ou moins dramatiques, tout ce qui peut enfin survenir en « ce pays-là » qu'est la cour. Marie-Thérèse, vivant très à l'écart, n'y comprend pas grand-chose.

Le roi, bien entendu, fait partie du ballet, costumé, lui aussi, en berger, la « gloire et honneur du hameau », préférant le bonheur de ses moutons à son propre repos :

A son labeur, il passe tout d'un coup,
Il n'ira pas dormir sous la fougère,
Ni s'oublier auprès d'une bergère
Jusques au point d'en oublier le loup.

Louise semble avoir particulièrement bien inspiré le poète. Qu'on en juge :

Non, sans doute, il n'est pas de bergère plus belle.
Pour elle cependant, qui s'ose déclarer ?
La presse n'est pas grande à soupirer pour elle,
Quoiqu'elle soit si propre à faire soupirer.

Elle a dans ses beaux yeux une douce langueur,
Et bien qu'en apparence aucun n'en soit la cause,
Pour peu qu'il fût permis de fouiller dans son cœur,
On ne laisserait pas d'y trouver quelque chose.

Mais pourquoi là-dessus s'étendre davantage ?
Suffit qu'on ne saurait en dire trop de bien ;
Et je ne pense pas que dans tout le village
Il se rencontre un cœur mieux placé que le sien.

Madame, casquée et superbement empanachée, fait son apparition lors de la septième entrée pour personnifier Pallas. Elle est entourée de quatre amazones dont Louise fait partie. Toutes essayent de prendre l'attitude de redoutables guerrières auxquelles un berger adresse ces vers :

Je vois luire dans vos beaux yeux
Un certain air impérieux
Fatal au repos des plus braves
Et n'aperçois pas moins qu'Alexandre et César
En me figurant des esclaves
A la suite de votre char.

Dans son récit du ballet écrit le 20 janvier 1663, Jean Loret se répand en éloges sur :

L'agréable de La Vallière
Qui d'une excellente manière
Et d'un air plus divin qu'humain
Danse la houlette à la main ;

Puis après, changeant la cadence,
En amazone avec la lance,
Ayant le port et la fierté
D'une Belle de qualité.

Aux côtés de Louise, les amateurs remarquent avec plaisir une beauté blonde déjà aperçue une année auparavant dans le ballet d'*Hercule amoureux*. Rappelons le nom de cette pulpeuse créature : Françoise de Tonnay-Charente.

Louis, sauf peut-être pour quelques passades sensuelles, de celles que, ainsi que l'on disait, comme les chevaux de poste on monte une fois et l'on oublie aussitôt, Louis reste profondément attaché à Louise. Il sait qu'elle ne l'aime que pour lui-même, et non pour ce qu'il représente. Elle aurait de beaucoup préféré que son amant ne fût pas d'un rang si élevé. Jamais elle ne demande rien, ni pour elle ni pour sa famille, pas le moindre titre, pas le plus petit arpent de terre, pas même des bijoux qu'il offre cependant volontiers. Elle n'a accepté qu'une agrafe et des pendants d'oreilles taillés en forme de poire, dont la valeur se monte à la coquette somme de 100 000 livres. Elle ne s'en pare que pour faire plaisir au roi, car ces bijoux, en son esprit, semblent proclamer sa liaison, alors qu'elle ne souhaite rien d'autre que vivre à l'ombre de son amour, de ce soleil dont les rayons deviennent de jour en jour de plus en plus éblouissants.

Ce qui fera écrire à l'abbé de Choisy au sujet de Louise de La Vallière : « Point d'ambition, point de vues ; plus attentive à songer à ce qu'elle aimait qu'à lui plaire ; toute refermée en elle-même et dans sa passion... Elle voulait toujours voir l'objet de sa passion ou songer à lui sans être distraite par des compagnies différentes. »

Durant l'été, Louis est atteint de la rougeole, ce qui met Louise au désespoir car, fort sagement, son amant refuse de la recevoir par crainte de la contagion. Heureusement, le roi se remet assez vite.

La comtesse de Soissons n'a toujours pas renoncé à éliminer La Vallière. L'anonymat ne lui ayant pas réussi, elle prend la décision d'utiliser l'arme la plus nocive et la plus imparable : la vérité. Elle ne se soucie aucunement de faire souffrir pourvu qu'elle parvienne à son but ; afin d'y arriver, elle sollicite de la reine Marie-Thérèse un entretien privé. Il a lieu dans le parloir des Petites Carmélites de la rue du Bouloi, au mois de juillet. La vile créature, en des paroles mielleuses, des soupirs feints, des regards navrés levés au ciel, révèle à la jeune reine la liaison de son infidèle époux, et n'hésite pas d'y ajouter certains détails pervers sur les essais manqués avec Mlle de La Mothe-Houdancourt. Incapable personnellement de sentiments purs et sincères, Mme de Soissons pensait que l'épouse allait rire des déconvenues du coureur de jupons.

Marie-Thérèse est bien loin de s'en divertir. Pour la reine, le mariage est un lien sacré. La faute de son mari est un péché grave. Elle se sent humiliée en tant que reine, en tant que femme. Une reine de France n'a pas beaucoup de joies dans sa vie. Son seul bonheur, sa seule raison de vivre, c'est Louis, son bel époux, celui qui l'a séduite au premier regard. Elle est anéantie. Ceux qui l'entourent étaient donc au courant des amours du roi ? Comme ils devaient rire derrière son dos de son ingénuité aveugle ! Sa fierté d'infante d'Espagne et de reine lui permet de faire face.

Elle ne daignera pas qu'on la plaigne. C'est à Dieu seul qu'elle confiera son immense chagrin. Quant au roi, à ses pleurs et à ses reproches, il répond :

– De quoi vous plaignez-vous, Madame, est-ce que je ne couche pas chez vous toutes les nuits ? Vous seriez bien avisée de moins écouter la comtesse de Soissons.

Chose curieuse, Louis en voudra davantage aux Petites Carmélites qu'à Olympe. Celle-ci, poursuivant ses menées malfaisantes, confie à Louis XIV que Marie-Thérèse a été mise au courant de sa liaison avec Mlle de La Vallière, non par elle-même, mais par cette « fanfaronne de vertu », autrement dite la comtesse de Navailles. Grâce à cette calomnie, Mme de Soissons espérait être débarrassée définitivement de celle qu'elle jalousait férocement pour des raisons de préséances.

Sur ces entrefaites, Louise découvre avec désespoir qu'elle attend un enfant. Pour elle, si discrète, l'idée que son état va proclamer sa faute la rend moralement malade. Bien loin d'elle la pensée de se réjouir de ce « cadeau » du roi, la honte l'envahit. Ce petit être qu'elle aurait accueilli avec tant de joie venant d'un homme modeste, que va-t-il devenir avec un tel géniteur ? Celui-ci, tout en feignant le plus grand calme, n'est pas rassuré. Il redoute un scandale. L'époque des bâtards de son grand-père Henri IV est bien révolue. Il ignore encore comment résoudre le problème qui va se poser.

Anne d'Autriche est bientôt mise au courant de la possible grossesse de Mlle de La Vallière. Possible, mais non certaine. Ce pouvait être un faux bruit. Aussi la reine mère a-t-elle l'idée de profiter des visites de Madame, toujours suivie de ses filles d'honneur, pour mettre au point un petit stratagème. Afin que les accompagnatrices ne s'ennuient pas lors de ces visites, une corde était tendue dans l'antichambre, et les jeunes filles se mettaient à jouer au volant au-dessus de ce filet improvisé. Anne d'Autriche fit placer la corde plus haut que d'habitude. Elle pensait que si Louise attendait un enfant, elle n'oserait jamais donner l'élan nécessaire au volant de crainte de se « blesser », comme on disait alors, c'est-à-dire de risquer une fausse couche. C'était bien mal connaître les qualités physiques de la Tourangelle qui, en dépit de son aspect frêle, est une cavalière musclée, avec une parfaite maîtrise de son joli corps mince. En la voyant virevolter et sauter, souple et à l'aise, la reine mère crut que l'on faisait erreur au sujet de l'état de la demoiselle d'honneur de Madame.

Louis XIV doit s'absenter durant trois semaines, du 25 août au 15 septembre, afin de faire entendre raison au duc de Lorraine qui refuse de rendre la place forte de Marsal. Grâce à son confident, Colbert, le roi reste en contact épistolaire avec Louise. Le ministre est chargé des missives de l'un et l'autre des amants. Le 31 août, de Metz, le roi écrit à Colbert : « Rendez les lettres que je vous envoie et particulièrement celles où il n'y a rien dessus, qui s'adressent à la personne que je vous ai recommandée en partant, vous m'entendez bien... » Oui, Colbert l'entend à merveille et les lettres sont communiquées à Louise, qui en a bien besoin, car elle se sent très seule et voit avec angoisse sa taille si fine s'épaissir. Il lui devient de jour en jour plus difficile de dissimuler ses rondeurs révélatrices.

Le 1er septembre, alors qu'il se trouve à Nomeny, le roi mande à Colbert : « Je vous adresse des lettres pour les reines, Madame, M. de Montausier, et qui vous savez où il n'y a point d'adresse... »

Le roi met encore de la discrétion dans ses relations amoureuses. Il ne veut pas choquer la pieuse Anne d'Autriche, dont il redoute les reproches – justifiés – que la reine mère peut lui faire.

Louise ne veut pas courir le risque d'être taquinée par ses compagnes en proie à une jalousie bien certaine. Pourtant, quitter la cour ne la ravit pas. Elle est bien obligée d'y consentir afin d'emménager, dans le courant de l'automne 1663, dans une sorte de « folie », non loin du Palais-Royal, et fort noblement appelée le palais Brion. Le « palais » se trouvait près de notre actuelle rue Montpensier, sur une partie de la galerie d'Orléans et le passage qui va vers le Théâtre-Français et la rue de Richelieu. Il ne comportait qu'un seul étage. Ancienne *capitainerie* du Palais-Royal, puis résidence du comte de Brion, décédé en 1661, Louis XIV en devient acquéreur et le fait joliment meubler et décorer. Dans quel but ? En 1661, il avait des vues sur sa belle-sœur, et il se peut qu'il ait pensé à cette « folie » pour abriter leurs amours... On sait que ces amours avaient changé d'objet.

Louise de La Vallière va y vivre presque en recluse, ne sortant pour ainsi dire jamais. C'est en robe d'intérieur qu'elle reçoit ses intimes, ceux qui viennent la distraire avec les derniers potins de la cour, ou bien jouer au brelan ou au reversi, tandis qu'elle repose, mollement étendue sur son lit.

Colbert, sur l'ordre du roi, continue à s'occuper de tout ce qui sera nécessaire en vue de la future et secrète naissance. Il a la chance de découvrir une lingère, la demoiselle du Plessis qui se charge d'amener subrepticement la layette. L'homme de confiance de Louis XIV se souvient de vieux serviteurs de sa famille : les Beauchamp. Il leur demande de reprendre du service et de bien vouloir s'occuper d'un enfant qu'un de ses frères a fait à une jeune personne de la noblesse. Trop heureux de retrouver un travail bien rémunéré, les Beauchamp acceptent immédiatement sans poser de questions. Quant à l'accoucheur, le chirurgien Boucher – quel nom pour une telle profession... –, il a ordre de se tenir prêt à intervenir.

Louis n'est pas tranquille. Sa bien-aimée n'a pas la robuste constitution de la reine... Chaque fois que cela lui est possible, il arrive au galop au palais Brion pour prendre des nouvelles de sa frêle amoureuse. Il n'ose penser à ce qui pourrait advenir. Une alerte lui fait tracer ces lignes adressées, probablement fin novembre, à Colbert :

« A minuit, le samedi,

« La personne que vous savez vient d'avoir une espèce d'éblouissement et elle a été assez longue sans voir d'un côté, des deux yeux également. Elle croit, et moi aussi, qu'une saignée lui ferait du bien, mais elle ne le veut pas faire ni moi lui conseiller, que l'homme que vous savez (le chirurgien Boucher) ne le trouve à propos. Cela lui est déjà arrivé deux fois depuis deux ou trois mois. Envoyez aussitôt chez cet homme et lui demandez son sentiment et me le mandez demain à mon réveil, afin qu'elle se puisse faire saigner si on l'approuve dès demain matin... »

Nul n'ignore qu'à cette époque, la saignée est considérée comme le meilleur des remèdes... même pour une femme sur le point d'accoucher. Le roi ajoute : « J'oubliais de vous dire qu'il lui reste, quand cela est passé et que la vue lui est revenue, un grand mal de tête. Faites sans perdre de temps ce que je vous ordonne. »

Et peu après, ce mot du même au même : « Faites en sorte qu'on ne s'écarte guère. *On* a commencé à avoir des douleurs... » Boucher ne doit donc pas

« s'écarter » pour être prêt à accourir au moindre signe de délivrance.

Le 18 décembre étant un mardi, Louis XIV ne peut décemment pas décommander la partie de chasse prévue à Saint-Germain, et Louise n'a pas près d'elle celui qu'elle aime si passionnément au moment où leur enfant vient au monde. On ignore les circonstances exactes de l'accouchement. Des larmes de souffrance, de tristesse et de remords durent sûrement couler, mais aussi quel sourire émerveillé de voir son fils – leur fils –, « un garçon très fort », dans ses bras. Tout semble s'être passé sans complication, puisque Boucher peut noter : « La mère et l'enfant se portent bien. Dieu merci. » Et il ajoute : « J'attends les ordres. »

Les ordres ? Bien entendu, puisque la naissance doit être tenue secrète, il n'est pas question pour Louise de garder son fruit. Dès l'aube, Boucher, selon ce qui lui a été recommandé, portant dans ses bras le nouveau-né, traverse les jardins du Palais-Royal et remet son précieux colis aux époux Beauchamp, qui attendaient patiemment, non loin de l'hôtel de Bouillon.

Le 19 décembre, le curé de la paroisse Saint-Leu signale sur son registre le baptême d'un garçon, prénommé Charles, fils d'un certain M. de Liancourt et d'une demoiselle Elisabeth du Beux, inconnus l'un et l'autre du prêtre. Guy Focart, dit de Beauchamp, « chez qui est ledit enfant », est le parrain et sa femme, Clémence Pré, la marraine.

Boucher, afin d'expliquer son retard auprès de la marquise de Villeroy, qu'il avait promis d'accoucher, se lança dans une histoire rocambolesque d'enlèvement, d'yeux bandés, de parturiente masquée, « dans les douleurs »... !

LOUISE DE LA VALLIERE

D'après le *Journal* de Lefebvre d'Ormesson, la vérité, ou le soupçon de la vérité, ne tarde pas à se faire jour. On se souvient que Mlle de La Vallière vivait retirée, et qu'elle se plaignait souvent de malaises qui, assurait-elle, l'empêchaient de sortir. Il fut également noté que ses amis ne purent la voir durant quatre jours, et qu'ensuite elle reçut à nouveau. Enfin, le 24 décembre, à la chapelle des Quinze-Vingts, elle est vue à la messe de minuit, le teint livide, et « fort changée ».

IV

L'ÎLE ENCHANTÉE

LOUISE, habituée aux plaisirs, fêtes et divertissements de la cour, s'ennuie profondément dans la solitude et le calme de son joli palais. Elle ne voit le roi que de temps à autre, et, en dépit des humiliations que Madame lui faisait subir, elle regrette sa charge. Au Louvre, au Palais-Royal ou à Saint-Cloud, elle rencontrait fréquemment son cher amour...

Pour qu'elle se sente moins seule, Louis lui procure une compagne, une Tourangelle également, Mlle d'Artigny. Ce choix ne pouvait être plus mauvais. La jeune fille, sitôt dans la place, ne songe qu'à attirer le roi dans sa couche et à évincer la favorite.

Au mois d'avril 1664, une nuit, Louise, alors profondément endormie, est réveillée brusquement par les aboiements de sa petite chienne. Celle-ci n'a pas l'habitude de se livrer à de telles manifestations nocturnes. Tous les sens en éveil, Louise tend l'oreille et perçoit un bruit léger du côté de la fenêtre, puis une voix chuchote : « Dormez-vous ? » D'un coup de reins,

Louise saute du lit et s'engouffre dans la garde-robe où dort sa fille de chambre. Elle referme le battant, tire le verrou, et se précipite à la fenêtre pour crier au secours. Alertés, ses valets accourent, enfoncent à coups de bûche la porte de sa chambre fermée de l'intérieur... et ne découvrent personne. Cependant, différentes traces indiquent bien que l'on a pénétré dans les lieux par la fenêtre. Le bord de celle-ci est éraflé et il y a des empreintes de pas sur le tapis maculé de boue.

Le lendemain, le roi examine les traces laissées et promet une forte récompense – il est question de 10 000 louis – à qui pourrait faire des révélations sur cette violation de domicile.

L'affaire ne passe pas inaperçue. L'ambassadeur de Venise en fait un rapport détaillé au doge. Tout de suite, l'idée d'un voleur est écartée. Rien n'a été dérobé. Louise, quant à elle, est persuadée que l'on en veut à sa vie ou à sa beauté. Afin de rassurer sa bien-aimée, Louis XIV fait renforcer la garde du palais Brion et engage un maître d'hôtel spécialement chargé de goûter les plats de Mlle de La Vallière.

La pensée du poison n'est jamais oubliée chez les Grands...

Louise n'a pu admirer le roi dans le rôle du paladin Renaud, dans le ballet des *Amours déguisées*, ni participer au bal masqué qui clôture le carnaval, au Louvre. Elle qui aime tant danser... Louise soupire.

Louis XIV ne reste pas insensible à ce soupir. Une idée d'amoureux sincère lui vient à l'esprit. Pourquoi ne pas dédier à sa bien-aimée la fête inaugurale de Versailles ? Ce rendez-vous de chasse, ce petit « château de cartes » qui, depuis la découverte de Vaux-le-Vicomte, est devenu chez le roi une sorte d'obsession.

Versailles, où il vient souvent retrouver Louise, où ils peuvent abriter leur amour. Ils vont chasser de compagnie, botte à botte, pendant des heures. Louis avait d'abord eu l'intention d'agrandir quelque peu son petit château, mais non pas en faire un lieu de résidence définitive. Pourtant, à mesure que le temps passait, le nid d'amour prenait des proportions de plus en plus imposantes. « Le roi va souvent à Versailles, écrit Guy Patin, le 24 octobre 1663, on dit qu'il y a quelque chose encore plus doux qui l'y en fait faire le voyage... » Cependant, chacun des déplacements royaux est tenu secret. « Personne n'y pouvait suivre le roi sans son ordre », affirme la Grande Mademoiselle, dévorée de curiosité.

Le roi-soleil a confié la réalisation de son rêve à trois merveilleux artistes : Le Vau, Le Brun et Le Nôtre. Ils avaient déjà fait leurs preuves à Vaux-le-Vicomte. Louis fait voir à sa favorite les travaux déjà accomplis durant sa grossesse, et les nouvelles réalisations. Sous la terrasse du Midi se trouvent les orangers en caisses qui ont été confisqués à Fouquet et que Le Vau a disposés avec art.

Pour consoler sa bien-aimée de n'avoir pas pu assister à *L'Impromptu de Versailles* du sieur Molière, Louis va commander une série de divertissements qui seront baptisés *Les Plaisirs de l'Isle enchantée*, et seront officiellement donnés en hommage aux reines Marie-Thérèse et Anne d'Autriche. Mais la réapparition de Louise de La Vallière fait comprendre à tous qu'elle en est en réalité la seule souveraine.

Le thème principal de ces fêtes est tiré du poème épique de l'*Orlando furioso*, de l'Arioste. L'histoire en est simple et se prête à mille rebondissements : Roger, le preux chevalier, est retenu prisonnier dans le palais de l'enchanteresse Alcine. Il en tombe amoureux et oublie sa bien-aimée Angélique. Grâce à un anneau magique, Angélique délivre Roger de sa prison et des séductions d'Alcine. Roger sera, bien entendu, interprété par Louis XIV.

Les répétitions commencent dès le mois de février. Ce n'est pas une petite affaire pour tout coordonner. Musique, danse, jeu des acteurs, mouvements de la figuration, mise au point de la machinerie, des décors. Sans parler de la création des costumes, de leur essayage, et les mille petits détails que nécessite un spectacle pour devenir une grande réussite.

Louis XIV a lancé six cents invitations. Tous les conviés arrivent le 5 mai dans la journée. Il n'est pas question de loger cette foule au château, et cela crée bien des mécontentements. « Les courtisans étaient enragés, écrit Mme de Sévigné, car le roi ne prenait soin d'aucun d'eux... » Il a, en effet, bien d'autres choses à faire.

Les deux premières journées se passent à admirer les travaux effectués dans le palais : l'or y étincelle, rehaussant, soulignant les plus petits détails des boiseries, plafonds, corniches ; le marbre a été utilisé à profusion, les meubles en bois doré, tapissés de riches tissus aux couleurs vives et gaies. Le lit du souverain est un véritable monument... On peut se demander un instant si le lit du roi n'a pas été « inauguré » avec Louise qui se rendait si fréquemment à Versailles. S'il n'y a pas de preuve du fait, il n'est cependant pas interdit de le croire possible... Saint-Simon n'a-t-il pas écrit : « Le roi se servait du château pour être plus en particulier avec sa maîtresse... Le roi y allait une ou deux fois la semaine en très petite compagnie passer une partie de la journée avec Mme de La Vallière. »

Depuis trois années, le roi se rendait à Versailles pour – en plus – inspecter les travaux qui, petit à petit, transformaient le pavillon de chasse de Louis XIII en un palais qui va faire rêver des générations d'admirateurs. Nommé surintendant des bâtiments, Colbert fait la grimace car les frais se montent déjà à plus d'un million cinq cent mille livres. Et ce n'est qu'un début...

Les fêtes commencent le 7 mai 1664 au soir. Le ciel lui-même s'est mis de la partie. Aucun nuage ne vient voiler le soleil. Et la lune essaie de lutter de tout son éclat argenté. Les deux reines ont pris place sur une estrade. Tous les personnages du spectacle défilent devant elles. Louis XIV apparaît en Roger, « monté sur un des plus beaux chevaux du monde », aux harnais étincelants de pierreries. Il est armé à la façon des Grecs, cuirassé de lames d'argent recouvertes de broderies d'or et coiffé d'un casque orné de plumes couleur de feu. « Jamais un air plus libre et plus guerrier n'avait mis un mortel au-dessus des autres hommes », admire le chroniqueur de *La Gazette* du 21 mai 1664. A la suite de « Roger », un cortège de preux parmi lesquels on s'étonne de la présence du marquis de La Vallière, le frère de Louise. Il est costumé en Zerbin et porte pour armes un phénix sur un bûcher allumé par le soleil, avec la devise suivante : *Hoc Juvat uri* (C'est un bonheur d'être brûlé par un tel feu). Phrase qui peut aussi bien se rapporter à Mlle de La Vallière... Surtout que Benserade chargé, comme pour le Carrousel de 1662, de composer une devise pour chacun, a rimé ce quatrain qui a de quoi susciter les commentaires :

Quelques beaux sentiments que la gloire nous donne
Quand on est amoureux au souverain degré
Mourir entre les bras d'une belle personne
Est de toutes les morts la plus douce à mon gré.

Un char, tiré par quatre chevaux caparaçonnés de velours bleu, supporte Apollon – le grand comédien Lagrange – entouré de quatre jolies comédiennes de la troupe de Molière, chargées de représenter chacune un siècle : le siècle d'or, le siècle d'argent, celui d'airain et celui de fer. Le véhicule est suivi par douze jeunes hommes costumés en « heures », et de douze autres incarnant les signes du zodiaque.

Après le défilé commence la course de bagues où le marquis de La Vallière emporte la deuxième épreuve, ce qui lui permet de recevoir des mains d'Anne d'Autriche une épée d'or enrichie de diamants et de superbes boucles de baudrier.

A la tombée du jour, le parc s'illumine grâce à des centaines de flambeaux de cire blanche portés par des valets masqués. Des girandoles de vingt-quatre chandelles chacune, accrochées aux branches des arbres, renforcent encore la sensation féerique. Le cortège des saisons, personnifiées par des comédiens, s'avance à pas lents sur une musique de Lully. La Du Parc – célèbre – est un ravissant Printemps en habit vert entièrement brodé d'argent et garni de fleurettes. Elle est juchée sur un cheval d'Espagne, et tient dans ses bras un bouquet de lis. Gros-René, époux du « Printemps », perché sur un éléphant, est l'Eté tout rutilant d'or et brandit une gerbe de blé. L'Automne, La Thorillière, porte un costume égayé de toutes les teintes automnales. Il est couronné de raisins et se dandine sur un chameau. Enfin, l'Hiver – Béjart – chevauchait un ours dont le sombre pelage faisait ressortir le blanc manteau agrémenté de perles.

Les jardiniers font leur entrée avec les moissonneurs et les vendangeurs. Enfin, Molière apparaît en dieu Pan en compagnie de Diane – Madeleine Béjart

– précédés des joueurs de flûte et de musette. Le couple déclame quelques vers aux souveraines.

Le souper aux chandelles est bien accueilli, car le grand air a donné de l'appétit à tous les spectateurs. Le repas « passe tout ce que l'on pouvait croire, assure *La Gazette*, tant par l'abondance que par la délicatesse des choses que l'on y servait ». Louise de La Vallière est placée à la table royale avec les filles d'honneur de Madame, entre Mme d'Arcé et Mlle d'Artigny. Pour la nuit, Louise est logée dans le château même, privilège surprenant, quand on sait que les princes de la maison de Lorraine n'eurent pas droit à cet honneur !

Après le souper a lieu l'illumination du palais de la magicienne Alcine, l'enchanteresse qui retient Roger. La comédie de Molière, *La Princesse d'Elide*, inspirée par la pièce de l'Espagnol Augustin Moreto, est représentée le 8 mai. Les allusions aux amours de Louis XIV sont aisées à repérer :

... il est malaisé que sans être amoureux,
Un jeune prince soit grand et généreux ...
La tendresse du cœur est une grande marque,
Et je crois que d'un prince, on peut tout présumer,
Dès qu'on voit que son âme est capable d'aimer.

Ou bien encore :

Dans l'âge où l'on est aimable,
Rien n'est si beau que d'aimer.
Soupirez librement pour un amant fidèle,
Et bravez ceux qui voudraient vous blâmer.

La comédie-ballet, jouée et dansée dans le cadre du théâtre de verdure de l'Allée royale, plaît si fort à Louis XIV qu'il la fera représenter quatre fois à Fontainebleau.

Le 9 mai, du miroir d'eau émerge l'île de la magicienne Alcine. Les ballets se succèdent mettant aux prises géants et nains, chevaliers et dragons, nymphes et combattants, jusqu'à ce que, dans un grondement de tonnerre, le palais enchanté d'Alcine s'embrase et disparaisse alors que jaillit dans le ciel un éblouissant feu d'artifice.

Qu'on ne s'imagine pas les fêtes terminées ! Le 10 mai est tout occupé par les exploits des cavaliers lors de nouvelles courses de têtes. Les dames peuvent applaudir les compétiteurs du haut du balcon qui court le long de la façade du château.

Après un après-midi consacré à la visite de la ménagerie, le soir du dimanche 11 mai, tous assistent à la comédie *Les Fâcheux* qui, on s'en souvient, avait déjà été représentée à Vaux-le-Vicomte chez le surintendant Fouquet. C'était alors le début de la liaison du roi et de Louise. Gageons qu'ils doivent y penser tout le long de la représentation, à laquelle Molière a ajouté de nombreux intermèdes musicaux.

Le lundi 12, à la suite des courses de bagues a lieu le tirage de la loterie, doté de 3 000 pistoles de cadeaux, car le roi tient à ce que chacun emporte un souvenir matériel de ces jours inoubliables. Louis s'est donné le mal d'écrire personnellement la liste des numéros gagnants ! Ce qui fait que *La Gazette* peut relater sans risque d'erreur : « Le sort s'accorda sans doute avec le désir de Sa Majesté en faisant tomber entre les mains de la reine le gros lot de 500 pistoles. » Un billet était réservé à « Mesdemoiselles de La Vallière », car le nom seul de Louise aurait pu provoquer un scandale. Elle était donc associée à sa belle-sœur, l'épouse de Jean-François. Celui-ci s'est en effet marié avec Mlle Glé de la Cotardais, « une héritière bonne pour un prince ». A Paris, on a chantonné :

Mardi, Monsieur de La Vallière,
Marquis de vertu singulière
Et frère d'une illustre sœur,
Par l'hymen se vit possesseur
D'une demoiselle bretonne...

Le soir, la comédie *Tartuffe ou l'hypocrite*, de Molière, va scandaliser les faux dévots. Elle est pourtant appréciée comme « une pièce de grand mérite » par le poète Loret, et amuse fort les premiers spectateurs. Molière tenait le rôle d'Orgon.

Le 13 mai, dernières courses de bagues et, en soirée, la représentation du *Mariage forcé*, qui ne fera qu'accroître encore le nombre des ennemis jaloux de Molière.

La cour, Louis en tête, part pour Fontainebleau, et Louise, toute seulette, regagne son petit palais Brion, dont l'emplacement est à notre époque occupé par la Comédie-Française.

Mlle de La Vallière conserve un souvenir ébloui de ces jours de fêtes, qui lui ont été secrètement dédiés. Certes, ils n'ont pu échanger que quelques regards, et la plupart du temps de loin, mais elle sait que Louis ne va pas tarder à venir la rejoindre. Il le lui a promis.

Louise s'est-elle plainte un jour de l'ombre dans laquelle elle vit. La grande ombre du roi-soleil... Finit-elle par souffrir de sa solitude dans laquelle, jusqu'à présent, elle se complaisait, pour mieux pouvoir penser à sa seule passion ? Ne peut-elle plus supporter d'être tenue à l'écart des fêtes de la cour, des concerts, des comédies, des ballets ? On ne sait. Mais, connaissant le caractère du roi, qui déteste être « gêné », nous pensons que c'est bien lui qui a décidé de faire paraître sa bien-aimée au grand jour, la tête haute, l'égale des grandes dames, parce que tel est son bon plaisir. Il n'est pas homme à céder à un caprice de Louise sous prétexte « qu'elle le désirait », ainsi qu'il le prétend. C'est une bien faible excuse qu'il donne à sa mère, qui lui fait de grands reproches... Très pieuse, elle est désolée de constater que son fils abandonne le sacrement de la communion. A son frère, qui lui demandait s'il communierait pour la Pentecôte, Louis XIV réplique :

– Je ne ferai pas l'hypocrite comme vous qui allez à confesse parce que notre mère le veut !

Les larmes aux yeux, il a déclaré à la reine mère :

– Je suis contraint d'avouer que mes passions sont devenues plus fortes que ma raison. Je ne puis résister à leur violence et je ne me sens pas même le désir de le faire.

Et il ajoute :

– J'ai longtemps disputé contre moi-même pour ne pas demander aux femmes de qualité de suivre Mlle de La Vallière, mais je m'y suis résolu parce qu'elle le désirait et je vous prie, ma mère, de ne pas vous y opposer.

Cette décision du roi marque, peut-on dire, la naissance d'un nouveau rayon de soleil et viendra bientôt le temps où le souverain ne connaîtra qu'une seule volonté : la sienne. Il ne veut pas seulement que sa chère Louise ne souffre plus de la solitude, il veut l'avoir toute à lui, quand bon lui semblerait. Il en a assez de devoir se cacher, dissimuler, cela lui paraît désormais au-dessous de sa majesté. Il est le roi, que diantre !

Ceux qui n'approuvent pas sa conduite sont promptement écartés de son chemin. Et Louis laisse entendre qu'il ne lui déplairait pas que l'on fît bon accueil à Mlle de La Vallière. Finie la discrétion, finie la retenue. Au mois d'août, chacun peut voir le roi se promener après dîner avec sa favorite, suivi de ses familiers, sur les terrasses des jardins des Tuileries.

A cette même époque, un collaborateur du cardinal Flavio Chigi écrit dans son rapport : « La personne qui jouit plus que toute autre de la faveur du roi est Mlle de La Vallière. Il a eu les prémices de sa virginité. L'attachement de Sa Majesté pour cette demoiselle dure depuis trois ans déjà, sans qu'il y ait le moindre refroidissement. »

Puis l'Italien décrit l'aspect physique de la favorite : « Elle est d'une stature plutôt grande que moyenne ; sa taille est bien prise ; son visage effilé ; sa chevelure blonde ; à la blancheur de ses joues s'allie je ne sais quel incarnat ; et elle est si bien proportionnée qu'une telle harmonie de forme ne peut être que l'œuvre de la nature. En somme sa beauté surpasse de beaucoup celle de la jeune reine ; aussi les Français disent par plaisanterie qu'un choix si digne prouve le bon goût de Sa Majesté. Elle ne s'est jamais montrée fière de la faveur du roi qui vient régulièrement la voir tous les jours... »

Et il conclut : « Le roi ne s'inquiète point de ce que cet attachement peut faire dire de lui. On le voit même souvent en carrosse avec La Vallière ; nous l'y avons aperçu de loin. »

Au rapport on avait joint deux chansons populaires que les Parisiens fredonnaient :

J'ai le teint beau, je suis bien faite et blonde
Et j'ai les yeux brillants.
J'ai pour galant le plus grand roi du monde,
Constant depuis trois ans
Malgré la bru et la belle-mère.
Et cependant quoique je sois chère,

Je suis La Vallière
Moi,
Je suis La Vallière.

Une autre chanson fait parler le roi :

Vallière, que dira-t-on de notre badinage ?
Il faut laisser les gens parler,
Et toujours persévérer
Courage, courage, courage...

Le peuple, en général, se montre peu aimable envers les favorites royales – qu'on se souvienne du règne de Henri IV... – mais la rue parlait de Louise avec indulgence.

Le séjour de Fontainebleau n'est pas particulièrement réjouissant. Louis travaille beaucoup, Marie-Thérèse passe des heures en prière dans son oratoire, et Madame est fiévreuse, car elle est sur le point d'accoucher. Le 16 juillet 1664, elle met au monde un garçon, qui ne vivra que quelques mois.

Fin septembre, Louis XIV décide d'aller faire un court séjour chez son frère, à Villers-Cotterêts. Le roi prend le prétexte que la reine est grosse et ne peut se permettre de voyager, pour emmener Louise avec lui. La veille de son départ, Marie-Thérèse répand un torrent de larmes, car elle n'ignore pas que le roi sera accompagné de sa rivale. Avec un certain cynisme, le roi lui promet qu'à partir de la trentaine, il sera un mari fidèle. Or, il a vingt-six ans... On sait que cette promesse ne sera jamais tenue.

La comtesse de Soissons et Mme de Brancas, plus intrigantes que jamais, sont du voyage. Elles ont fini par comprendre d'où soufflait le vent.

A Villers-Cotterêts, il est facile d'imaginer le déplaisir de Madame en voyant Louise, cette « fille », qu'elle a si souvent humiliée par dépit. L'attitude de Mlle de La Vallière envers la duchesse d'Orléans est pleine de respect, mais il y a en elle un indiscutable sentiment de revanche. L'amour du roi la met sur un pied d'égalité avec la princesse.

Au début du mois d'octobre, le roi fait franchir un nouveau pas à sa maîtresse : la reine et Anne d'Autriche se trouvant toujours absentes, Louise est priée de s'asseoir à côté de Louis XIV à une table de jeu à laquelle ont pris place Monsieur et Madame. Cette partie a lieu dans l'appartement de la reine mère.

Bien entendu, le fait parvient aux oreilles des deux reines, et Mme de Montausier, pleine d'esprit, a l'idée de s'exclamer au sujet de cette partie de cartes :

– Voilà le tour d'une très habile femme et d'une bonne politique.

La reine mère comprit qu'elle se couvrirait de ridicule en protestant qu'elle n'y était pour rien !

Il n'en est pas de même pour la si amoureuse Marie-Thérèse. D'apprendre que la liaison du roi est désormais reconnue officiellement, le péché d'adultère si ouvertement étalé, lui cause un profond choc moral. Il lui vient des accès de « fièvre tierce », accompagnés de vives douleurs dans les jambes. Il faut la saigner et lui prescrire de l'émétique, qui lui donne des nausées. Le roi, inquiet de la voir dans un tel état, confie au maréchal de Villeroy :

– Encore que ce serait pour moi un grand malheur si la reine perdait son enfant, je m'en consolerais pourvu que Dieu me fît la grâce de me conserver la reine et que son enfant pût être baptisé.

Le 16 novembre, au Louvre, Marie-Thérèse met au monde une prématurée de huit mois, qui ne vivra que quelques semaines. La suite des couches est si mauvaise, avec de si fortes poussées de fièvre, que, le 18 novembre, l'archevêque de Paris donne à Marie-Thérèse le saint viatique. Partout en France, on récite des chapelets et l'on fait dire des messes pour le rétablissement de la santé de la charmante jeune reine, que tout le monde apprécie. Le roi ordonne de promener dans Paris la châsse de sainte Geneviève, protectrice de la capitale. Marie-Thérèse, aussitôt, se croit à l'agonie. Elle supplie son mari, en présence de la reine mère et de son confesseur, de lui promettre de doter Mlle de La Vallière d'un époux. La pauvre ingénue s'imagine que cela pourrait changer les choses... C'est bien mal connaître la nature humaine, mais comment en serait-il autrement pour celle qui s'obstine à croire aux liens sacrés du mariage, à la fidélité, à l'amour conjugal ? Louis n'ose refuser de promettre pour apaiser la malade.

Louis pense à son ami Vardes, dont il ignore encore la fausseté. Mise au courant, Louise est horrifiée d'un pareil projet. Elle ne peut envisager un instant de se donner à un autre homme qu'à celui qui est plus que jamais tout pour elle.

Cependant, on l'accuse d'être responsable de la mauvaise santé de la reine ! Superstitions, mais certainement aussi jalousie, envie, désir effréné de prendre cette place tant convoitée de favorite ! Même le duc de Mazarin, dont l'esprit est quelque peu dérangé – il avait fait barbouiller les tableaux de nudité provenant des magnifiques collections du cardinal, et, entre autres, défendait à ses fermières de traire les vaches en raison de « l'obscénité » du geste ! –, veut se mêler de ce qui ne le regarde aucunement et ose prédire au roi :

– Sire, l'archange Gabriel est venu personnellement m'avertir qu'il arriverait malheur à Votre Majesté si

Elle ne rompt pas promptement avec Mlle de La Vallière.

– Monsieur de Mazarin, avez-vous tout dit ? lui demande calmement Louis XIV.

Puis, se frappant le front d'un geste bien connu, le roi ajoute :

– Il y a bien longtemps que je sais que vous êtes blessé là ! Je vous conseille de ne parler de cela à personne, car vous feriez faire un fort mauvais jugement de vous.

Dans l'entourage du roi, il y a toujours des oreilles à la traîne, et M. de Mazarin doit quitter la cour afin de cesser d'être la risée de tous.

Peu après, le père Annat, confesseur de Louis XIV, déclare tout net à son pénitent :

– Sire, je préviens Votre Majesté que j'abandonnerai ma fonction auprès d'Elle, si Elle ne se sépare pas de Mlle de La Vallière.

– Mon père, vous êtes libre de partir. Je vous souhaite de bien vous reposer.

Louise, de nouveau enceinte, retrouve sans joie le palais Brion.

Bien que toujours amoureux de sa bien-aimée, le roi jette un coup d'œil intéressé sur Catherine-Charlotte, princesse de Monaco, ancienne surintendante de la maison de Madame, et fort amoureuse de son cousin Puyguilhem, le futur duc de Lauzun. La princesse usa-t-elle de ses charmes – certains – pour que le prince obtînt le droit de porter ses eaux territoriales à une distance jugée outrancière par les marins du littoral ? On ne sait. Le droit fut obtenu. On ignore à quel prix. D'ailleurs, ne peut-on considérer avec plaisir une bien jolie femme, sans vouloir à toute force la faire entrer dans son lit ?... D'autant plus que Marie-Thérèse tient beaucoup à son lit conjugal...

Le 7 janvier 1665, Louise met au monde un deuxième garçon. Tout se passe comme précédemment, sauf que, cette fois, Louis est présent, et la jeune femme s'accroche si fort à son collet de dentelle, qu'il se transforme en lambeaux. Là encore, Colbert est chargé de tous les détails. A neuf heures du soir, le chirurgien Boucher remet l'enfant dans les bras du sieur Bernard, époux d'une demoiselle du Coudray. Le lendemain, le nouveau-né est baptisé à Saint-Eustache sous le nom de Philippe, fils de François Dersay et de Marguerite Bernard, sa femme. La marraine se nomme Marguerite Biet, le parrain Claude Tessier, qualifié de « pauvre » par le prêtre qui rédige l'acte de baptême.

On évite le plus possible de parler du palais Brion...

A la suite de nouvelles amours et d'intrigues tramées autour de Madame, celle-ci est convoquée par Louis XIV en vue d'un « grand éclaircissement ». Pour se venger de Vardes, qui l'a odieusement trahie, Henriette révèle à son beau-frère l'histoire de la lettre espagnole, visant à éliminer Louise de La Vallière. La vérité se fait jour. Le roi apprend avec stupéfaction que Vardes, en qui il avait mis sa confiance, ainsi que Mme de Soissons, ont été les instigateurs de cette vilenie. Louis prend conscience que ceux auxquels il avait donné son amitié se sont vraiment moqués de lui. Il recommande le secret le plus absolu : « Sa Majesté a fort à cœur que cette affaire-là demeure secrète et qu'il n'en soit rien su par qui que ce soit. »

Le roi déclare froidement à Olympe Mancini, comtesse de Soissons :

– Je vous traiterai dorénavant comme une femme de qualité, mais non pas avec confiance comme je l'ai fait autrefois.

La comtesse et son mari devront se retirer en Champagne, à Reims, dont le comte est gouverneur. Bien des années plus tard, vers 1679-1680, on apprendra que la vipère, avant de quitter Paris, a été rendre visite à Catherine Monvoisin, dite la Voisin, l'une des plus abominables sorcières du siècle de Louis XIV. La Voisin (qui avait vraisemblablement reconnu Olympe) lui dit : « Vous avez dû être aimée d'un grand prince... – Cela ne reviendra-t-il point ? demanda l'ennemie de Louise. – Non, cela ne peut revenir », affirma la Voisin, qui possédait peut-être des dons de voyance. Mme de Soissons s'enquit alors si elle pouvait se défaire de La Vallière.

– Cela sera difficile...

Toujours est-il qu'à l'époque où le procès de la Voisin eut lieu, Olympe jugea plus prudent de s'enfuir de France pour gagner l'Italie...

Des lettres anonymes ont renseigné Louise sur le flirt du roi avec la princesse de Monaco. Mais il lui a donné trop de preuves de son attachement sincère pour qu'elle s'en inquiète. Louise se contente de tendre la lettre à son amant qui devine aussitôt l'auteur de ce poulet non signé. Il ne peut s'agir que de Villeroy, l'amoureux sans espoir de la princesse de Monaco. Il ne peut supporter qu'elle fasse les yeux doux à qui que ce soit. Se sachant démasqué, Villeroy demanda pardon au roi, qui le lui accorda sans peine.

Fin avril 1665, l'abbé italien Sébastien Locatelli raconte que, revenant « par des allées couvertes de verdures, au moment où le soleil se levait, nous trouvâmes sous une tonnelle de laurier Mlle de La Vallière... en compagnie de quelques demoiselles et de cavaliers, occupée à se coiffer... ». Louise est fort étonnée d'être surprise à cette heure matinale. Elle attend le roi pour aller galoper avec lui par cette belle matinée de printemps. Son goût pour l'équitation plaît à Louis, qui monte par tous les temps, et pendant des heures. Personne ne sait mieux que la Tourangelle manier l'épieu, tirer au pistolet et monter à cheval : « Je l'ai vue une fois aux Tuileries, se remémore Locatelli, c'est-à-dire au jardin du roi, montant à cru un cheval barbe, sauter sur son dos, pendant qu'il courait et se rasseoir à plusieurs reprises, en s'aidant seulement d'un cordon de soie passé dans la bouche du cheval en guise de bride. Son habileté faisait vraiment soupçonner quelque artifice diabolique, car personne, si habile écuyer qu'il soit, n'a jamais vu pareille chose. Elle a eu pour maître un Maure, garçon d'écurie du roi... »

Il faut aussi l'imaginer en costume de cheval, qui consiste en une sorte d'habit d'homme ouvert, la taille joliment soulignée par un justaucorps brodé, orné d'une rangée continue de galons le long de la jupe ample, droite, prolongée d'une courte traîne. La cravate-jabot en mousseline fait paraître son buste plus développé qu'il n'est en réalité. Un tricorne en feutre empanaché de plumes frisées est coquettement incliné sur ses cheveux lumineux. Elle éperonne sa monture pour se trouver toujours en première ligne, aux côtés du roi, et distançant le gros de la compagnie.

Les forêts de Versailles ou de Fontainebleau, de Saint-Germain ou de Compiègne, magnifiées par leur parure automnale, les voient passer, les yeux brillants, le sourire aux lèvres, si jeunes et si beaux, criant à pleins poumons « Taïaut ! Taïaut ! » à la poursuite d'un cerf, d'un cochon, ou d'une biche.

La mode du justaucorps pour la chasse lui sied à merveille. « Elle se met si bien de cette façon que l'on ne peut imaginer rien de plus joli qu'elle est quelquefois », écrit le duc d'Enghien à la reine de Pologne le 18 septembre 1665.

Ses acrobaties à cheval nous prouvent à quel point Louise est solide sous son aspect délicat. Il est quasi impossible à un homme de galoper plus rapidement qu'elle. Elle a un peu grossi après son accouchement et cela lui va fort bien. Son teint resplendit.

Au cours de l'été, elle a déménagé du palais Brion, et s'est installée dans un hôtel particulier non loin des Tuileries, en face de la rue de l'Echelle.

Petit à petit, trop occupée à suivre le roi, elle délaisse ses cours à l'Académie Royale de peinture et de sculpture. On peut le déplorer, mais elle est capable de discuter des projets architecturaux de l'Italien Bernin, en compagnie de M. de Bellefonds, premier maître d'hôtel du roi.

– Elle a beaucoup d'esprit, estime Bernin. D'ailleurs, d'être dans la place où elle se trouve en est une bonne preuve.

– Surtout, ajoute son ami Chantelou, de s'y être conservée quatre années durant !

Louise se montre gaie, animée, et il y a de quoi : le roi passe le plus clair de son temps libre avec elle. Elle est de tous les bals, de toutes les fêtes. L'après-midi, tous deux se promènent souvent sur les terrasses de Vincennes. « Elle était fort belle alors », assure la Grande Mademoiselle.

Fin septembre, Louis emmène sa bien-aimée à Villers-Cotterêts, chez les Orléans. Louise est resplendissante. Henriette, fatiguée, souffrante, les traits tirés, vraiment peu à son avantage. Madame se sent humiliée, profondément. Un sentiment de triomphe affleure-t-il Louise ? Un sentiment de revanche ? Si on pense à ce qu'elle deviendra, on se dit non, sûrement pas. Mais, à cette époque, Louise est la favorite du plus grand roi de la terre, elle est aimée, adulée, fêtée... Louise n'est plus la Tourangelle ingénue, « gracieuse et candide comme un ange », disait la marquise de Sévigné, qui souhaitait que le roi ne fût pas le roi. Celle qui ne savait aimer « à moins qu'un monarque ». Elle n'est plus celle qui se cachait d'être aimée, Louis l'a mise partout au premier plan. On peut donc supposer que Louise éprouve en cet instant un sentiment d'irrépressible contentement.

Michelet, bon écrivain mais historien peu scrupuleux malheureusement, a fait passer Mlle de La Vallière pour sotte sur la foi de ceux mal disposés envers elle. Il n'en est rien.

Si elle n'avait pas eu des qualités d'esprit indiscutables, le roi se serait-il plu autant avec elle et pendant si longtemps ? Cela n'est pas concevable. D'ailleurs, un jour, elle écrira dans ses *Réflexions* sur la Miséricorde : « Anéantissez dans mon cœur tout ce qui m'inspire de me glorifier en moi-même, tous ces talents de perdition, mais principalement cette vivacité de mon esprit. »

Après le séjour à Villers-Cotterêts, vient la période des chasses de la Saint-Hubert à Versailles.

Fin septembre, en raison de la mort de Philippe IV d'Espagne, le père de Marie-Thérèse, toute la cour prend le deuil et les fêtes officielles sont supprimées, mais les réceptions privées se multiplient.

A Vincennes, le 17 octobre 1665, Louise, enceinte pour la troisième fois, est soudain prise d'atroces douleurs. Elle fait en hâte prévenir Boucher. Or, dans le château, les appartements communiquent les uns avec les autres et présentent, de ce fait, bien des inconvénients [1]. Madame, pour se rendre à la messe, doit

1. En 1944, le pavillon de la Reine, à Vincennes, ayant été incendié, il ne reste plus rien des anciens appartements.

passer par la chambre de Louise qui, sur son lit, gémit de souffrance. Henriette s'informe :

– Ah ! Madame, s'excuse Louise, je me meurs de la colique...

La duchesse d'Orléans murmure quelques mots de commisération polie et passe.

Dès l'arrivée de Boucher, Louise le supplie :

– Dépêchez-vous, je veux que tout soit fini avant que Madame revienne.

Avant qu'elle ne revienne ? Le temps de la messe ou ce qu'il en reste : une petite heure, voire une heure et demie si le sermon se prolonge. Que fit Boucher ? Nul ne l'a révélé. A l'époque, il n'existait pas de drogues capables de précipiter la délivrance. Peut-être creva-t-il le placenta... procédé qu'utilisaient les sages-femmes quand elles voulaient pratiquer un maximum d'accouchements dans un minimum de temps... Peut-être ? L'enfant vint au monde : une petite fille. Aussitôt née, aussitôt enlevée à sa mère.

Quand Madame, après l'office, traverse à nouveau la chambre de la favorite, elle la voit étendue sur son lit, parée, fardée, des fleurs dans tous les vases de la pièce... peut-être pour masquer l'odeur du sang, mais aussi parce qu'au XVIIe siècle, on considérait comme néfaste, voire mortelle, la présence de fleurs dans la chambre d'une accouchée. Puisqu'il ne fallait pas que « cela » se sache, Louise préférait risquer sa vie afin que le scandale ne puisse éclabousser l'objet de son amour.

Le soir, Louise se lève, endosse son grand habit, veille jusqu'à minuit et fait médianoche comme tout le monde. On ne peut que saluer la volonté, le courage, l'énergie incroyable chez cette femme à l'apparence si fragile.

Quant à l'enfant, elle est baptisée Marie-Anne.

Afin que les dames de la cour puissent assister à la revue de cavalerie sans redouter le froid, la pluie ou le vent, Louis XIV a fait planter de nombreuses tentes de toutes les couleurs. « Cette revue, écrit-il dans ses *Mémoires*, n'était qu'une occasion de faire de nouveaux préparatifs sans donner soupçon de l'affaire de Flandres. »

Les fêtes succèdent aux fêtes. Vincennes est abandonné pour Saint-Germain où il faut penser maintenant à répéter le ballet des *Muses*, dont naturellement les vers sont signés Benserade. Les vedettes féminines sont Madame, Louise et la marquise de Montespan, qui avait naguère dansé alors qu'elle était encore Mlle Françoise de Rochechouart de Mortemar. Une fort belle créature, aussi dissemblable de La Vallière que possible. La favorite, par la loi des contraires, est attirée par celle qui se fait appeler Athénaïs, prénom de précieuse.

Le 2 janvier 1666, alors que tous les danseurs du ballet ont déjà revêtu leur costume, on vient annoncer au roi que la reine est « en travail d'enfant ». Déguisé en berger, Louis accourt auprès de son épouse, et le ballet est repoussé au 8 janvier. Marie-Thérèse met au monde une petite fille, qui reçoit le même prénom que sa mère. Elle ne vivra que cinq années.

Mais revenons au ballet des *Muses*, dans lequel Benserade se montre fort galant pour Madame, charmante bergère, et quelque peu impertinent vis-à-vis de Mme de Montespan. Quant à Louise, on sent percer dans les vers la sympathie et le respect que le poète éprouve pour elle :

Jeune bergère, en qui le ciel a mis
Tout ce qu'il donne à ses meilleurs amis,

De la beauté, du cœur, de la sagesse
Et, si j'en crois vos yeux, de la tendresse,

Vous me semblez l'ornement du hameau
Et j'aime à voir dans un objet si beau
Parfaitement l'une et l'autre assortie
Et tant de gloire, et tant de modestie.

Et le poète concluait par cet hommage :

Que vous peut-on souhaiter et quel bien ?
Je crois qu'il faut ne vous souhaiter rien.
L'on ne saurait croire un bonheur extrême
Et pour tout dire, enfin, que sais-je même
Si, méritant tant de postérité,
Vous n'avez point ce que vous méritez.

Le 10 janvier, il y a fête chez le duc de Créqui, et pourtant les jours d'Anne d'Autriche sont comptés. Elle s'éteint le 20 janvier 1666, vers cinq heures du matin. Elle souffrait d'un cancer du sein depuis de longs mois, sans jamais se plaindre. Revêtue de la robe des Tertiaires de Saint-François, sa dépouille est solennellement portée à Saint-Denis, et son cœur remis aux carmélites du Val-de-Grâce.

La douleur de ses deux fils est profonde.

Quels sont les sentiments de Louise de La Vallière alors qu'à la messe de fin janvier, à Saint-Germain, elle est placée tout à côté de la reine Marie-Thérèse ? Sa gêne est infinie. Elle éprouve une grande honte. Elle sait bien que Marie-Thérèse aime profondément le roi, et qu'elle est jalouse et malheureuse à cause d'elle. Louise devine que la reine – elle sera félicitée pour avoir consenti à la présence de sa rivale – doit ressentir douloureusement le fait de voir Mlle de La Vallière si proche.

Le roi, au contraire, a « beaucoup de joie » de ce rapprochement. Jusqu'alors, il avait montré quelque retenue en raison de la reine mère. Il se sent dorénavant entièrement libre.

Olivier Lefebvre d'Ormesson, maître des requêtes, n'a encore jamais vu Louise de La Vallière. Il est étonné de sa minceur – pour ne pas dire sa maigreur – ; elle ne lui paraît « point belle » : « Elle a les yeux fort beaux et le teint, mais elle est décharnée, les joues cousues (?)... » Et il ajoute : « Elle a la bouche et les dents laides, le bout du nez gros et le visage fort long. » A lire ces lignes, on peut se demander s'il s'agit bien de la favorite ? Aucun de ses portraits ne nous la montre aussi désavantagée... Il est certain que sa dernière grossesse l'a beaucoup éprouvée. Jamais elle ne peut prendre de repos. Il lui faut toujours paraître, toujours sourire, alors qu'elle a perdu son premier fils, Charles, puis Philippe, âgé de deux ans, et c'est à peine si elle peut entrevoir Marie-Anne en cachette. Fait plus grave, le roi paraît s'amuser des saillies spirituelles et des coups de griffes insolents de la nouvelle compagne de Louise, la superbe Athénaïs...

Louise fait bien entendu partie des privilégiées qui accompagnent le roi à Versailles, à l'occasion d'un petit carrousel donné avant le carnaval. Le 4 mars, le duc d'Enghien écrit à la reine de Pologne : « Il y a eu mille intrigues à Versailles entre toutes les dames, mais il est impossible de les mander à Votre Majesté, n'y ayant pas de sens à tous leurs démêlés, ni de sujet ; ce qui aigrit dans le fond leur cœur, c'est que toutes sont extrêmement jalouses de Mlle de La Vallière, et il y en a fort peu qui ne lui portent beaucoup d'envie. » Et, le 23 mars : « On croit que Sa Majesté va bientôt faire de Mlle de La Vallière une duchesse ; elle le mérite et on ne peut pas être plus aimée qu'elle l'est dans la cour, ne faisant jamais de mal à personne et faisant toujours le bien qu'elle peut. »

Ces lignes dépeignent bien la favorite, mais elles contiennent une erreur : c'était fini pour elle d'être « la plus aimée ». Certes, Louis lui conserve son estime, son amitié, sa tendresse, mais son désir se porte ailleurs, vers celle dont il a remarqué les manœuvres enjôleuses, et dont il a déclaré avec ironie :

– Elle voudrait bien, mais moi je ne veux pas !

Et la belle hypocrite, blâmant Louise, murmurait avec un air de componction parfaitement joué :

– Si j'étais assez malheureuse pour que pareille chose m'arrivât, je me cacherais pour le reste de ma vie.

Son ambition monstrueuse la conduit dans l'antre de la Voisin, chez laquelle elle n'hésite pas à faire célébrer sur son corps dénudé une messe noire, cérémonie sacrilège, au cours de laquelle le prêtre défroqué mélangeait le sang d'un enfant mort-né, ou né avant terme, avec l'hostie contenue dans le calice. Auparavant, Mme de Montespan avait lu ce « pacte », qui ne laisse aucun doute sur ses intentions :

« Je demande l'amitié du roi et celle de Mgr le dauphin, et qu'elle me soit continuée, que la reine soit stérile, que le roi quitte son lit et sa table pour moi, que j'obtienne de lui tout ce que je demanderai pour moi et mes parents, que mes serviteurs et domestiques lui soient agréables ; chérie et respectée des grands seigneurs, que je puisse être appelée aux conseils du roi, et savoir ce qui s'y passe, et que cette amitié redoublant plus que par le passé, le roi quitte et ne regarde La Vallière, et que, la reine étant répudiée, je puisse épouser le roi. »

On constate qu'Athénaïs ne doute et ne recule

devant rien ! « être appelée aux conseils du roi » ! et souhaiter même « être épousée » ! Et c'est cette femme que Louise considère comme son amie ! Cette femme – dont on peut suspecter l'intelligence –, qui fait fabriquer des charmes « pour l'amour du roi » ! Oh ! elle va bien cacher son jeu, au début ! Louise, dont l'âme claire est bien loin de se douter d'une pareille duplicité, fait appel à Athénaïs afin de distraire le roi de son humeur morose. Toutes deux rivalisent d'esprit dans le salon du pavillon de la rue de la Pompe, à Versailles, que Louise a fait aménager avec infiniment de goût.

Or, dans les ruelles, les salons, on récite ou on lit ce sixtain que l'on dira composé par la Montespan :

Soyez boiteuse, ayez quinze ans,
Peu de gorge, fort peu de sens,
Des parents, Dieu le sait. Faites-en fille neuve
Dans l'antichambre vos enfants,
Sur ma foi, vous aurez le premier des amants
Et La Vallière en est la preuve.

C'est la mode de versifier, et tout le monde s'y essaie avec des résultats plus ou moins heureux, comme on peut le constater...

Les parades, les revues militaires se succèdent, toujours plus belles et luxueuses.

– On compte à Paris que voilà la soixantième revue, a déclaré le roi, au camp de Mouchy, au maréchal de Turenne.

En ce printemps de 1667, Louis se plaît à vivre sous la tente, entouré de ce que la cour compte de jolies femmes, « bien davantage propres à attirer les ennemis qu'à les faire fuir ! » dit une contemporaine – Mme Châtrier. Les dames sont en tenue d'amazone, et le roi, botté et empanaché, les invite à sa table. « Ce n'étaient point des repas de guerre, mais d'une grande magnificence, et, le soir, ces dames montaient à cheval avec Sa Majesté, et les troupes se mettaient sous les armes, et la décharge se faisait ensuite sans néanmoins tuer personne. »

Marie-Thérèse est enceinte une fois de plus, ce qui l'empêche de suivre le roi car, excepté pour la favorite qui doit se conduire comme si de rien n'était, la reine, par ordre de la Faculté, est obligée de prendre mille précautions afin d'éviter tout risque d'être « blessée ». Au cas où la reine irait à Compiègne, Louise de La Vallière serait bien obligée de l'y accompagner. Sinon, on dit qu'elle se retirera à la campagne en l'absence de Louis. Le bruit court qu'elle « déchoit » beaucoup de sa beauté et qu'elle est plus maigre que jamais. « Il ne va quasi plus personne chez elle, relate le marquis de Saint-Maurice, ambassadeur de Savoie en France. Elle devient d'une humeur fort altière, et au camp de Houilles, où elle a été fort leste, elle a toujours été fâchée contre le roi de ce qu'il ne l'y a jamais abordée, car Sa Majesté n'y quitta jamais la reine et l'on croit que si cette demoiselle continue à être de cette humeur, elle se perdra. »

A Pâques, Louis communie avec, semble-t-il, une grande dévotion. C'est en quelque sorte une préparation à son voyage en Flandre. Certes, le roi n'ira pas se promener en première ligne, car sait-on jamais ce que peut provoquer un boulet de canon malintentionné ?

Louis XIV a chargé Colbert de trouver une terre pouvant être érigée en duché-pairie. Le ministre, au bout d'un certain temps, découvre la terre de Casteau, en Touraine du Nord. La région est sauvage, boisée, fort giboyeuse. Anciennement, l'endroit avait appartenu aux seigneurs d'Alluye, ensuite aux Bueil, qui avaient fait élever une forteresse sur la rive du lac de Val Joyeux (ou Vaujours). Ce n'est pas une demeure riante, avec son donjon, ses douves, ses barbacanes, et son mur d'enceinte ponctué de tours à mâchicoulis. La forteresse présente un aspect si formidable qu'autrefois les Anglais n'ont pas osé en faire l'assaut. En 1665, Jean de Bueil s'étant éteint sans postérité, Louis XIV se porte acquéreur du château, au nom de Louise, pour la somme de 750 000 livres. L'acte est signé le 13 mai 1667, à Saint-Germain, par « très illustre Mademoiselle Louyse-Françoise de La Baume Le Blanc de La Vallière, demeurant à Paris près le palais des Tuileries, paroisse de Saint-Germain-l'Auxerrois ».

Le domaine est étendu. Il comprend trente-quatre paroisses et rapporte 100 000 livres de rente.

Et ce n'est pas tout : au Parlement de Paris, le roi signifie que lui, par la grâce de Dieu roi de France et de Navarre, ne croit pas pouvoir mieux exprimer dans le public l'estime toute particulière qu'il fait de sa chère, bien-aimée et très féale Louise de La Vallière, en lui confiant les plus hauts titres d'honneur qu'une affection très singulière, excitée dans son cœur par une infinité de rares perfections, lui avait inspirée depuis quelques années en sa faveur : qu'en conséquence il fait la dite Louise de La Vallière duchesse de Vaujours, et reconnaît Marie-Anne comme sa fille naturelle, lui réservant en la personne de sa mère, outre la terre de Vaujours en domaine, la baronnie de Saint-Christophe en Anjou.

Plus tard, dans ses *Mémoires* officiels destinés au Grand Dauphin, Louis déclarera qu'il avait « cru qu'il était juste d'assurer à cette enfant l'honneur de sa naissance et de donner à la mère un établissement convenable à l'affection qu'il avait pour elle depuis six ans ».

Quelle belle occasion de papoter pour la cour et la ville ! Quel scandale aussi ! Ainsi le roi avouait avoir commis l'adultère ! Bien entendu, personne n'en doutait, mais on pouvait faire semblant de croire que la liaison du roi était uniquement une affaire de cœur et non pas de sexe. On pouvait presque s'imaginer revenu au temps de Henri IV, le grand-père paillard, car Louis XIII a laissé le souvenir d'un roi chaste. Les commentaires vont bon train. Nul n'ignore que c'est Marie-Anne – bientôt Mademoiselle de Blois – qui possédera tout en réalité. Louise n'aura que l'usufruit de la terre et ne pourra en disposer.

Louise ne s'y trompe pas : ce titre de duchesse n'est en rien un témoignage d'amour. C'est un cadeau de rupture.

– C'est comme un présent que l'on donne à une servante dont on n'a plus besoin des services, soupire-t-elle.

Le roi en effet ne s'approche plus d'elle. Il a communié à Pâques et veut ménager Marie-Thérèse qui attend un enfant. Enfin, il va partir pour la guerre... Louise souffre amèrement. Elle a été privée de ses enfants, dont deux sont morts loin d'elle, au nom du scandale possible. Ils auraient peut-être vécu si elle avait pu prendre soin d'eux. Elle a donc subi le martyre pour rien, puisque maintenant tout est étalé au grand jour. Aussi ressent-elle encore davantage sa faute et la honte qui en découle. Peu lui importe d'avoir le « tabouret », c'est-à-dire le droit de s'asseoir en présence des souverains ; peu lui importe de devoir suivre la reine dans ses déplacements ; peu lui importe de pouvoir traîner une « queue » de dix pieds de long (3,24 m), et enfin d'être appelée Madame et non plus Mademoiselle ; tous ces privilèges, enviés par tant de grandes dames, ne comptent pas pour elle. Si le cœur du roi ne lui appartient plus, elle perd toute raison de vivre.

Le frère de Louise, Jean-François, n'a pas été oublié non plus. Il est promu brigadier des armées du roi et prend le commandement de la troupe qui s'apprête à envahir les Pays-Bas espagnols.

Quant à l'oncle de Louise, Gilles de La Baume Le Blanc, il devient évêque de Nantes.

Louis XIV se devait de porter la guerre en Flandre. La dot de Marie-Thérèse n'ayant pas été versée, le roi trouve des plus légitimes de réclamer une partie de l'héritage de Philippe IV – une bonne partie. Dans le fond, c'est uniquement un prétexte : le roi-soleil est avide de gloire.

En dépit de tous les honneurs, Louise ne conserve que peu d'espoir. Quand elle a annoncé à Louis qu'elle attendait un enfant, il n'a pas cillé. Le reconnaîtra-t-il cet enfant comme il avait reconnu Marie-Anne ? Louise en doute.... D'ailleurs, elle a toujours douté, de tout, de l'amour du roi principalement, malgré les nombreuses preuves données. Cet amour dont elle se sentait indigne.

Quel coup pour l'amoureuse, quand le roi annonce officiellement que seules la reine et ses dames d'honneur – dont Mme de Montespan fait désormais partie – le suivraient dans les Flandres. Si Louise n'est pas du voyage, c'est soi-disant pour lui épargner bien des fatigues contraires à son état. La nouvelle duchesse n'en croit rien, car ce serait bien la première fois que le royal amant exprime une telle sollicitude pour elle.

Louise reçoit régulièrement des nouvelles de l'armée par l'abbé de Montigny, aumônier de la reine et cousin de la marquise de La Vallière. Le maréchal de Turenne se trouve sur la rive droite de la Somme avec un corps de vingt-cinq mille fantassins et dix mille cavaliers. Le maréchal d'Aumont est du côté d'Abbeville. Le 16 mai, Louis XIV a quitté Saint-Germain en direction d'Amiens, suivi d'une quantité d'officiers empanachés et de centaines de chevaux et de mulets. Le 25, Louis prend la tête des troupes et fonce sur Péronne. La campagne est aussi rapide que brillante. Dès le 9 juin, tout est terminé, et le roi mande Marie-Thérèse auprès de lui, à Avesnes. Simple prétexte pour retrouver la belle Montespan vers laquelle vont maintenant tous ses désirs. La présence de Louise n'est pas souhaitée...

Cette dernière, ayant appris le départ de la reine, est bouleversée à l'idée d'avoir été écartée. Sa grossesse n'est qu'un prétexte. Elle n'a jamais eu d'accidents en dépit des galops échevelés, des voyages, des danses, ou des exercices équestres. N'y tenant plus, elle décide de se mettre également en route pour rejoindre son amour. En somme, passer outre les instructions du roi. Elle est accompagnée de son affectueuse belle-sœur, et de Mlle d'Artigny, devenue comtesse de Roure. Toutes trois arrivent à La Fère le 20 juin au soir. La Grande Mademoiselle, qui est bien entendu du voyage, apprend cette venue inattendue. La reine est en train de jouer aux cartes, conte-t-elle, toute heureuse et de belle humeur à la pensée de revoir son cher époux. Dès qu'elle est mise au courant, elle abandonne le jeu et court s'enfermer dans sa chambre. Sa nuit sera détestable. Le lendemain matin, elle vomit son chocolat, ce qui provoque l'indignation de ses dames d'honneur qui clament combien la nouvelle duchesse de Vaujours s'est rendue coupable de venir ainsi de son propre caprice. Quelle effronterie ! Quel manque de respect ! Vouloir imposer sa présence !

En dépit de sa réputation de bonté, Marie-Thérèse, dominée par la jalousie, défend que l'on serve à déjeuner à la duchesse et, à l'heure de la messe, la reine fait fermer à clé la porte de la tribune de crainte que l'importune ne l'y suive. En sortant de l'office, elle pince sa petite bouche et passe d'un air hautain devant Louise inclinée en une profonde révérence, sans daigner lui rendre le moindre salut.

Le premier maître d'hôtel de la reine en est réduit à prendre sur lui de servir un repas à la jeune femme de crainte de mécontenter le souverain.

Marie-Thérèse, ses dames, sa suite, remontées dans les carrosses, se dirigent vers Guise. La reine, le visage baigné de larmes, ne parle guère – elle ne pratique toujours pas très bien notre langue –, mais ses dames papotent à qui mieux mieux, avec des mines de circonstance. La « bonne » amie de Louise, la marquise de Montespan, n'hésite pas à déclarer sur un ton mielleux :

– J'admire sa hardiesse d'oser se présenter devant la reine, de venir avec cette diligence sans savoir si elle le trouvera bon ; assurément, le roi ne lui a point mandé de venir.

Elle le savait d'autant mieux que Louise le lui avait dit...

Mmes de Bade et de Montausier approuvent. Elles ne vont pas tenter de défendre Louise devant la souveraine. Marie-Thérèse renifle.

– Dieu me garde d'être la maîtresse du roi, continue Athénaïs avec componction, mais si je l'étais, je serais bien honteuse devant la reine.

Marie-Thérèse soupire... Athénaïs n'est peut-être pas – encore – la maîtresse du roi, mais ce n'est qu'une question de jours. Et l'orgueilleuse créature n'éprouvera jamais le moindre sentiment de honte – à supposer qu'elle eût jamais su ce que le mot voulait dire.

A Guise, Louise évite soigneusement de se trouver en face de la reine. Celle-ci recommande qu'on ne laisse partir personne avant elle : elle veut être la première à voir le roi et à le féliciter de la victoire de ses armées. Le lendemain, à l'approche d'Avesnes, Louise, qui a passé la tête à la portière, aperçoit l'armée au loin sur un monticule. Son cœur bondit dans sa poitrine. Elle ordonne :

– Allez, cocher, à toutes brides à travers champs !

Et, tout cahotant, après avoir quitté la route, le carrosse l'emporte.

La reine qui, elle aussi, regardait par la portière, aperçoit la manœuvre, devine ce qu'il en est, et s'écrie :

– Qu'on l'arrête !

Son entourage la supplie de n'en rien faire. Cela ne pourrait que déplaire au roi. Elle lui contera de vive voix ce qui s'est passé. De loin, Louis XIV a vu la voiture venir vers lui et va à sa rencontre à cheval. Il aurait eu, dit-on, ce mot terrible et royal :

– Comment, madame, avant la reine !

Quelle entorse à l'étiquette !

Louise, écroulée aux pieds du maître, se rend compte de son énorme bévue. L'attitude du roi est glaciale. Qu'il est loin le temps où tous deux galopaient à travers bois pour se mettre à l'abri des regards indiscrets... Louis a horreur du scandale, et Louise vient de déplaire à son bien-aimé. Ce n'est certes pas en agissant ainsi qu'elle le ramènera vers elle. Louis, cependant, après avoir été choqué de ce manquement aux règles, voit bien que l'amour chez Louise a été plus fort que la raison et il ne lui déplaît pas d'être passionnément aimé. Il se dirige maintenant vers le carrosse de la reine où il refuse de monter sous prétexte qu'il est « trop crotté ». Marie-Thérèse se sent confuse d'avoir cédé à un mouvement d'humeur envers la duchesse, son époux lui ayant assuré que tout était terminé entre eux. Elle aurait dû lui faire confiance... Aussi, incline-t-elle la tête en silence, quand le roi lui demande de se conduire avec Mme de Vaujours comme avec les autres duchesses, selon l'étiquette.

Un peu plus tard, il rend visite à sa pauvre amoureuse dans la chambre où elle s'est réfugiée, toute contrite de ce qu'elle vient de faire. Pour lui prouver peut-être qu'il n'a pas été insensible à cet élan de passion vers lui, il décide de faire introduire une dispotion nouvelle dans l'acte de donation du duché, qui reviendra de droit à Louise en cas de disparition de leur fille. D'où ce texte singulier en raison de cette rectification : « Nous voulons qu'arrivant le décès de Marie-Anne... *soit avant soit après le décès de sa mère*, la propriété de ce duché soit conservée tout entière à ladite demoiselle de La Vallière. »

Plein de duplicité, le roi, se souvenant que Louise lui a servi naguère de « chandelier » pour dissimuler son penchant pour Madame, va ainsi se servir à nouveau de son amoureuse pour cacher le vif attrait qu'il éprouve maintenant pour la belle Athénaïs.

Louise n'apparaît pas ce soir-là mais, dès le lendemain, elle est admise à la table de la reine, prend part aux jeux, est même invitée à monter dans le carrosse de Marie-Thérèse. Elle y a pleinement droit en tant que duchesse, et comme le roi n'est pas loin, les dames d'honneur se serrent avec les mines que l'on devine.

Louise est loin de ressentir un sentiment de triomphe. Elle est trop fine, trop sensible pour ne pas avoir deviné, senti le rapprochement entre celle qu'elle considérait comme son amie et le roi. Il semblerait, en effet, que ce soit à Avesnes que ce « rapprochement » très intime a lieu.

Athénaïs a été logée chez Mme de Montausier, dans une chambre proche de celle du souverain. La Grande Mademoiselle, très observatrice, remarque « qu'à un degré qui était entre eux, où l'on avait mis une sentinelle à la porte qui donnait à l'appartement du roi, on la vint ôter et elle fut toujours en bas... ».

Ces quelques jours à Avesnes sont principalement occupés en visites des forteresses de la région, et par des revues de la troupe. Marie-Thérèse se plaint que le roi travaille parfois jusqu'à quatre heures du matin « à des dépêches »... C'est enfoncer un couteau dans le cœur de Louise, car ce n'est pas chez elle que le roi travaille... Et elle sait fort bien ce que ces dépêches-prétextes signifient.

Tandis que Louis XIV repart pour Charleroi, la reine passe par Vervins puis s'arrête, le 26 juin, au sanctuaire de Notre-Dame-de-Liesse, où Louise se confesse et communie, « seulement parce qu'elle était résolue en son cœur de pardonner et qu'il y avait quatre mois, à ce qu'elle avoue confidemment au chanoine Deslyons, qu'elle ne disait point son *Pater* ». Et le digne ecclésiastique remarque avec quelque étonnement : « Je connus par cet entretien qu'à la cour, ils croyaient que le seul péché de haine et vengeance les rend indignes de communier. » Ce qui est en effet quelque peu curieux.

Louise tremble pour son bien-aimé qui s'aventure en première ligne au siège de Douai et fait frémir tous ses officiers. L'un des pages du roi tombe mort à ses côtés, et le talon de la botte royale est effleuré par un boulet. La ville est investie dans la nuit du 29 au 30 juin et, une semaine plus tard, Louis XIV y fait son entrée en triomphateur, follement ovationné par les troupes.

Tout auréolé de gloire, le roi revient à Compiègne, où la reine souffre d'une légère indisposition. Louise accourt de Versailles. Va-t-elle encore se faire rabrouer ? Pas le moins du monde ! Le roi l'invite à monter dans son carrosse, en compagnie de Marie-Thérèse. Etiquette oblige.

Certains pensent que Louise est toujours la favorite, car Louis se rend parfois chez elle avant, ou après le souper. « Je crois qu'elle est toujours fort bien, écrit M. de Saint-Maurice, quoique tout le monde dise que non, et l'on en parle ici librement ; elle est toujours fort maigre et veut néanmoins passer pour belle mais avec trop d'affectation et je la trouve un peu façonnière ; elle regarde les gens de haut en bas et n'est pas fâchée quand on la couche en visière. »

Voilà qui ne ressemble guère à notre Louise. Le titre de duchesse lui aurait-il monté à la tête ? Que non pas. Ce n'est qu'un masque pour cacher sa souffrance. Louis a désigné pour Louise et Athénaïs des appartements contigus, ce qui lui permet de passer de l'un à l'autre – ou doit-on dire de l'une à l'autre ? – sans éveiller les soupçons du marquis de Montespan, ou de Marie-Thérèse, qui s'est entichée d'Athénaïs avec laquelle elle visite des couvents, et qui continue à croire que sa rivale détestée est « cette fille », la La Vallière. Une lettre anonyme tente de la détromper, mais elle refuse d'y prêter foi, d'autant plus que la

Grande Mademoiselle, interrogée, fait l'ignorante et refuse de trahir son cousin.

On dit que La Vallière
S'en va sur son déclin
Ce n'est que par manière
Que le roi suit son train
Montespan prend sa place ;
Tant il faut que tout passe
Ainsi de main en main.

La cour suit le roi qui repart aux armées assister au siège de Lille. Turenne menace de quitter son poste si le monarque persiste à venir sur le front des troupes, monté sur un cheval blanc, et des plumes à son chapeau. « On fait de petites railleries sur le bivouac qu'il partage avec les chevau-légers du dauphin, où le marquis de La Vallière a une compagnie ; et l'on dit que, ne pouvant voir la sœur, il passe la nuit avec le frère. A la vérité, cette passion n'est qu'imaginaire, comme chacun le croit, et il n'a plus de pensées que pour la Montespan. »

Louise, des larmes plein le cœur, est retournée à Versailles car sa grossesse devient trop apparente. Il n'est pas pensable qu'elle se rende à Arras. On lui décrira les visites des villes conquises, les fêtes qui s'y donnent, les défilés, les ducasses, toute une agitation joyeuse, dont Louise se sent écartée peut-être à jamais.

Le 3 septembre, Louis XIV rejoint la reine à Arras, et il emmène Mme de Montespan dans son carrosse, à la grande fureur des autres dames d'honneur qui auraient dû avoir la préférence.

Fin septembre, la cour revient à Saint-Germain. Le roi semble transformé par ces mois de guerre, et les succès de ses armes. Il est plus séduisant que jamais, plus ouvert, plus souriant. Louise n'a qu'à le regarder pour comprendre à quel point le roi est amoureux, mais ce n'est plus pour elle que ses yeux brillent, que ses doigts caressent sa fine moustache... Oh ! bien entendu, il vient la voir... pour donner le change. Il ne pense qu'à s'évader, à chasser à Versailles où il retrouve Athénaïs, cette femme qui lui a révélé la volupté. Ce ne sont plus les tendres baisers de Louise, ses douces caresses, son amour si frais, c'est une vraie femme qu'il tient maintenant dans ses bras. Une femme douée d'une imagination amoureuse, dotée d'un beau tempérament, une femme avec laquelle il a la sensation d'être enfin devenu un homme adulte.

Le 3 octobre 1667, mordant ses draps pour ne pas crier, Louise met au monde son quatrième enfant : un fils. Comme pour les accouchements précédents, son corps frêle est dominé par une volonté, une énergie surhumaines. Le soir même, il y a médianoche dans sa chambre. Elle est, bien entendu, parée, coiffée, le rouge avive son teint pâle. Mademoiselle de Montpensier se doute bien de quelque chose, mais elle sait que la jeune duchesse tient au secret. Elle conserve sa pudeur, en dépit de tout.

Après cette naissance, dont le roi n'ignorait rien, on lui insinua que l'enfant n'était peut-être pas de lui... Il n'y a aucune preuve, mais seule la Montespan a la possibilité de tirer profit de cette calomnie. Néanmoins, le roi connaît trop bien son amoureuse pour y prêter attention. Et il reconnaît « le comte de Vermandois » comme il a reconnu Mlle de Blois.

Louise paraît bien pâle, bien effacée à côté de sa resplendissante « amie » aux formes généreuses. La triomphatrice cependant n'est pas aussi sereine qu'on pouvait le penser. Un homme – et qui plus est, un souverain – qui a rompu avec autant de facilité une liaison vieille de six ans, et qui se sert sans vergogne de son ancienne maîtresse pour laisser dans l'ombre ses nouvelles amours, est à redouter. Il peut fort bien, du jour au lendemain, porter ses regards sur une autre. Dans l'entourage du roi, les jolies femmes ne manquent pas, et nombreuses sont celles qui n'attendent qu'un signe pour supplanter l'orgueilleuse marquise. Les officines des diseuses de bonne aventure ne désemplissent pas. Principalement celle de la Voisin, qui a pour clientes les femmes les plus en vue. La sorcière entend souvent ce nom de La Vallière que ces dames voudraient éloigner ou, mieux encore et plus définitif, voir mourir.

Le 2 février 1668, le roi part pour entreprendre la conquête de la Franche-Comté. Mme de Montespan, à son vif regret, doit rester au service de Marie-Thérèse, à Saint-Germain. Souvent, dans le parc, on voit se promener la Grande Mademoiselle, Louise et Athénaïs. Ces dames attendent avec impatience le retour du maître. Athénaïs n'en mène pas large sous ses airs désinvoltes. Elle a appris l'arrestation de prêtres sacrilèges, complices de la Voisin. Il s'agit de Dubuisson, dit Lesage, et de François Mariette qui, au début de l'année, a lu l'Évangile des rois sur sa tête et lui a fait lire une conjuration « pour obtenir les bonnes grâces du roi et pour éloigner – ou faire mourir – La Vallière ». Que vont-ils révéler à leur procès ?

En plus, Mme de Montespan est enceinte... et le pauvre marquis n'y est pour rien... Il est pourtant toujours amoureux de son épouse et voit d'un fort mauvais œil son éloignement.

Louis revient, une fois de plus, en triomphateur. Il n'a rien de plus pressé que d'ordonner des fêtes somptueuses auxquelles assistent plus de mille personnes :

– Je veux réparer, dit-il, ce que la cour a perdu sans le carnaval pendant mon absence.

Les frais se montent à 120 000 livres, et Molière, à la tête de sa troupe, joue la comédie *George Dandin* qui déchaîne les rires. La pièce est suivie du divertissement, *Le Triomphe de Bacchus.*

Louise prend place à la table royale. Elle remarque que le souverain ne quitte pas des yeux celle qui l'a supplantée. En dépit des visites qu'il rend à son ancienne bien-aimée, la réalité se fait jour...

Même chez le peuple, on n'ignore pas le changement de partenaire du roi. Dans ses *Lettres historiques et galantes*, Mme Dunoyer conte cette anecdote qui prouve bien que rien ne pouvait demeurer longtemps caché de ce qui se passait dans ce « pays-ci » qu'est la cour. Mme de Montespan, ayant effectué des emplettes au Palais, chargea la marchande de lui faire porter chez elle ses achats et, de crainte d'une erreur, demanda à la boutiquière si elle la connaissait bien :

« Oui, vraiment, madame, répond la femme, j'ai bien l'honneur de vous connaître, n'est-ce pas vous qui avez acheté la charge de Mlle de La Vallière ? »

On ignore la tête de la belle marquise à la suite de cette repartie, mais Mme Dunoyer avoue s'être fort divertie en l'apprenant, contée par le chevalier de Gondrin.

M. de Montespan, pendant ce temps, loin de supporter d'être bafoué par l'un des plus grands rois de la terre, se livre à des actes si insensés et fait tant et si bien que Louis XIV ordonne son arrestation. Le 22 septembre, il est incarcéré à la prison de Fort-

L'Évêque, quai de la Mégisserie. Le roi, lui, va courir le cerf à Chambord en compagnie de l'épouse qu'il a rendue infidèle. Finalement, peut-être pris de remords, il se contentera d'exiler le pauvre mari en Gascogne.

Est-ce à cette époque que Louise écrivit ce sonnet ? Se fit-elle aider par Benserade comme on l'a prétendu ? Le poème est attribué à l'une ou à l'autre sans certitude. Louise, nous semble-t-il, a été fort capable de tracer ces jolis vers remplis de mélancolie :

Tout se détruit, tout passe, et le cœur le plus tendre
Ne peut du même objet se contenter toujours ;
Le passé n'a point eu d'éternelles amours,
Et les siècles suivants n'en doivent point attendre.

La constance a des lois qu'on ne veut point entendre ;
Des désirs d'un grand roi rien n'arrête le cours ;
Ce qui plaît aujourd'hui déplaît en peu de jours ;
Cette inégalité ne saurait se comprendre.

Tous ces défauts, grand roi, font tort à vos vertus ;
Vous m'aimiez autrefois, mais vous ne m'aimez plus.
Mes sentiments, hélas ! diffèrent bien des vôtres !

Amour à qui je dois et mon mal et mon bien,
Que ne lui donniez-vous un cœur comme le mien,
Ou que n'avez-vous fait mon cœur comme les autres.

V

LE TEMPS DES « DÉGOÛTS »

LOUISE DE LA VALLIERE va-t-elle abandonner la place à sa rivale sans la moindre lutte ? Que non pas. S'éloigner de la cour, ce serait s'éloigner de celui qu'elle aime toujours passionnément. D'ailleurs, le roi ne tenait pas à ce qu'elle s'en aille. Louis est un homme d'habitude. Pourtant, il ne témoigne plus envers elle de galanterie. Il passe par la chambre de son ancienne amie pour les raisons que l'on sait, et se rend de là chez Athénaïs. De retour de la chasse, parfois, il lui arrive de se débotter chez Louise, de changer de veste, de se recoiffer, puis... il pousse la porte de Mme de Montespan.

Louise accepte et subit toutes les humiliations, plutôt que de ne plus voir Louis. Elle sait qu'elle lui rend service et espère qu'il sera un jour touché par cet amour immuable, par cette fidélité à toute épreuve. Il lui faut aussi songer à l'avenir de ses enfants.

Louis XIV, si soucieux naguère d'éviter le scandale, s'affiche désormais avec la reine et ses deux maîtresses, c'est-à-dire avec « les dames » comme on les appelle. Le roi, paisiblement, si l'on peut dire, et sans vergogne, donnait un exemple surprenant de polygamie... car il allait toujours rejoindre la reine dans la chambre conjugale... plus ou moins tard, il est vrai, en raison des nombreuses dépêches !

Peut-être Louis aimait-il les trois femmes à sa façon ? Marie-Thérèse était la reine, son épouse devant Dieu, la mère de ses enfants légitimes. Elle avait droit à des attentions particulières, il se savait aimé d'elle, totalement soumise à sa volonté... Pour Athénaïs, ses sens avaient une large part à l'attachement qu'il lui portait, et son esprit, le célèbre « esprit Mortemart », le divertissait. Elle n'était jamais à court d'anecdotes plaisantes, d'histoires lestes ; elle était moqueuse, mauvaise langue, n'avait pas son pareil pour déceler le ridicule des uns et des autres... Avec Louise, le roi avait l'absolue certitude d'être aimé pour lui-même ; une telle fraîcheur émanait d'elle, avec ce regard si doux de biche apprivoisée. Jamais elle n'avait demandé quoi que ce soit pour elle, son frère ou ses parents – sa mère d'ailleurs lui en voulait à ce sujet. Le roi savait à quel point elle était peu intéressée. A une certaine époque, où elle aurait pu tout obtenir de son amant, il avait dû insister parfois pour qu'elle se pare des bijoux qu'il lui offrait. Elle était pure, oui, pure, en dépit de ses quatre maternités. Son âme était blanche, et elle reposait Louis XIV des multiples intrigues dont il avait connaissance.

Dans un manuscrit de la bibliothèque de Saint-Pétersbourg, on peut lire ces lignes sur la duchesse de La Vallière : « Elle a beaucoup d'esprit et du solide, sachant presque toutes les histoires ; aussi a-t-elle le temps de lire. Elle a le cœur grand, ferme, généreux, tendre et pitoyable. Elle est de bonne foi, sincère et fidèle, éloignée de la coquetterie, mais plus capable que personne d'un fort engagement. Elle aime ses amis d'une ardeur inconcevable et il est certain qu'elle a aimé le roi plus d'un an avant qu'il la connût. »

A-t-elle encore des rapports intimes avec Louis ? On l'a dit sans preuve. Ce n'est pas impossible. Le roi a un tempérament exigeant...

Il ne faut pas imaginer Louise en Madeleine répandant sans cesse d'abondantes larmes. Le récit de Mme de Montmorency, contant une scène dont elle a été témoin, nous la montre bien différente. Il s'agit d'une lettre adressée à Bussy-Rabutin, le cousin de Mme de Sévigné :

« 1er juin 1669. Monsieur était l'autre jour avec le roi, Mmes de Vaujours, de Montespan et d'Haudicourt ; Monsieur sentit soudain qu'on tirait son habit dans le dos. Il crut que c'était l'une de ces dames qui s'était livrée à cette petite plaisanterie. Elles s'en défendirent quand il les interrogea. Ce n'était pas non plus le roi.

– Vous verrez que c'est Mme de Choisy de Caen, qui vient de mourir ! dit la duchesse de Vaujours en riant.

Il faut préciser que Mme de Choisy, familière du prince, se livrait fréquemment à des taquineries de ce genre envers lui. On s'informa plus tard de l'heure du décès de la dame qui avait eu lieu, en effet, au moment même où l'habit de Monsieur avait été tiré !... »

La sensualité du roi, éveillée par Athénaïs, ne connaît plus de bornes. Alors que durant sa liaison avec sa tendre bien-aimée, il semble ne s'être intéressé qu'à elle, ses passades maintenant ne se comptent plus. Caprices d'une heure ou d'un jour. Apercevant sur un balcon Mmes de La Vallière, de Montespan et de Soubise, M. le Grand Ecuyer s'exclame :

– Voilà le temps passé, le présent et l'avenir !

Mme de Soubise n'alluma qu'un feu de paille.

Selon toute apparence, les deux « sultanes » s'entendent. A Saint-Germain, on l'a vu, leurs appartements communiquent. Ils sont identiques et ornés de nombreuses glaces, surtout chez Louise. Elles s'aident mutuellement à s'habiller, à se coiffer ; elles prennent leurs repas en commun. Pour leur terrasse, le 1er février 1669, nous trouvons une commande de quatre grottes, « à savoir deux pour la duchesse de La Vallière et deux pour Mme de Montespan... ». Extraordinaire terrasse avec un jardin en rocaille, des jets d'eau et une volière !

Le chevalier d'Arvieux, qui revient d'Orient, assiste à un dîner entre Louis XIV et son frère, Louise et Athénaïs, servis tous quatre par M. de Bellefonds, maréchal de France, grand ami de Mme de La Vallière. Le chevalier relate au roi son entretien avec le sultan Selim qui intéresse vivement les convives, qui posent de nombreuses questions sur la Turquie et ses mœurs. « Comme mes réponses étaient fort gaies, ils y prenaient beaucoup de plaisir. Le roi en riait modérément, aussi bien que Mme de La Vallière, mais Monsieur et Mme de Montespan faisaient des éclats de rire qu'on aurait entendus à deux cents pas... » Après le repas, le chevalier raconta aux deux femmes la façon dont on se mariait en Turquie « à quoi elles prirent du plaisir ».

Il leur conta que le futur mari devait se rendre chez sa fiancée avec deux sabres croisés sur sa tête, sous peine de ne pouvoir manifester, au moment voulu, toute son énergie virile à son épouse. Les Turcs sont à ce point persuadés du bien-fondé de cette coutume que l'on pouvait citer le cas d'impuissance chez ceux qui contrevenaient à cet usage. Tous les maris turcs doivent obligatoirement coucher avec leur femme dans la nuit du jeudi au vendredi. S'ils manquent à ce devoir, ils devront – dans l'autre monde –, après leur mort, payer un chameau.

Si une femme veut divorcer, elle va trouver le cadi, et, sans prononcer une parole – cela serait indécent –, elle se déchausse et dépose sa chaussure à l'envers devant le juge. Si la femme a gain de cause, elle perdra sa dot, mais pourra se choisir un autre époux.

Si un mari accuse faussement sa femme d'adultère, et que l'épouse peut fournir des témoignages de sa parfaite conduite, le pauvre homme devra assister aux ébats de sa bien-aimée avec un partenaire vigoureux, ainsi le faux serment du mari sera rectifié par ce qui vient de se produire ! Après quoi, le couple légitime peut rentrer chez lui, en toute quiétude.

D'Arvieux dut penser que le roi de France avait des manières de vivre assez semblables à celles des Turcs... Sait-on que le souverain poussait la tyrannie jusqu'à interdire à « ses femmes » des visites, de crainte qu'elles ne se chargent de placets ou de commissions pour lui, et qu'on ne suggère qu'elles le gouvernent... ! On sait combien Louis XIV s'est toujours défendu d'avoir subi l'influence d'une femme. Comme s'il en avait peur.

Est-ce l'influence de Mme de Montespan, son exemple ? Louise change indiscutablement. A partir des années 1667-1668, les placets apostillés par elle pour cette période sont en nombre élevé. Les solliciteurs abusent de sa bienveillance. Il s'agit principalement des gens de sa maison. Louise se dit peut-être qu'elle n'en a plus pour longtemps à détenir quelque pouvoir et elle veut en faire profiter le maximum de personnes.

Elle se remet à lire et se plonge dans des ouvrages philosophiques. Est-ce à cette époque de sa vie que fera allusion Bossuet quand il dira : « Saisie et enveloppée parmi les objets qu'elle aime et dont elle traîne continuellement l'idée avec elle, elle ne peut plus s'en démêler et ne sait plus ce qu'elle est. Elle dit : "Je suis une vapeur, je suis un souffle, je suis un air délié ou un feu subtil." »

Louise de La Vallière suit la mode en se plongeant dans la lecture de Descartes et d'Aristote. Elle discute sur le *Discours de la méthode* dans les salons, ou bien commente l'*Organon* à moins que ce ne soit l'*Ethique à Nicomaque*. Veut-elle devenir une « précieuse » ? Pourtant, c'est bien connu, le roi ne les apprécie guère.

Au mois de février 1669, Louise éprouve une grande joie : Louis XIV reconnaît enfin et légitime le dernier fils de Louise né, rappelons-le, le 3 octobre 1667. Il devient Louis, comte de Vermandois, apanage de la Couronne. L'enfant est même présenté au dauphin et le roi recommande à ce dernier de « caresser » le petit garçon et de « l'aimer, que c'était son frère », « à quoi le prince se prêta de bonne grâce ».

On se croirait revenu au temps de Henri IV...

A l'âge de deux ans, Louis de Vermandois est pourvu de la charge de Grand Amiral de France, « en considération des espérances que nous concevons de sa vertu par la bonne éducation que nous lui donnerons ». Le problème se pose alors au sujet du titre que portera l'enfant légitimé dans les actes officiels. Sera-t-il nommé Louis, bâtard de France, amiral de France ? ou bien Louis, bâtard, comte de Vermandois ? ou encore, Louis, légitimé de France ? ou Louis, fils naturel du roi ? ou enfin, tout simplement Louis, comte de Vermandois, amiral de France ? C'est cette appellation qui prévaudra.

Louise cherche à se distraire comme elle peut ; elle s'amuse à acheter des bijoux, peut-être avec la pensée de les offrir à Marie-Anne quand sa fille sera en âge de les porter. Se laisse-t-elle séduire par un collier de perles à la mode, dit « à l'esclavage » ? Il se peut qu'elle ait suivi l'exemple d'Athénaïs, toujours couverte de diamants. Maîtresse du roi, elle estimait qu'elle devait « représenter », et briller du feu de multiples joyaux aux côtés de son amant-soleil.

Mme la duchesse de Vaujours continue à mener une vie sportive, en quelque sorte, en se baignant dans la Seine, à Carrières où elle possède une charmante retraite d'été, rustique et fraîche. C'est Henriette d'Angleterre, Madame, qui lui a donné cette habitude, car la princesse aimait beaucoup nager, et se baignera encore la veille de sa mort.

Lors d'un déplacement de la cour en Flandre, Louise y fut conviée, car M. de Montespan ne devait toujours pas savoir à quel point le roi s'occupait d'Athénaïs. Une lettre révélatrice de Louvois à l'intendant de Dunkerque nous met au courant des précautions prises : « Il faut accommoder la chambre *V* (d'après un plan) pour Mme de Montespan, y faire percer une porte à l'endroit marqué *I* et faire une galerie pour qu'elle puisse entrer dans la chambre marquée *2* qui lui servira de garde-robe. Madame la duchesse de La Vallière logera dans la chambre marquée *Y*, à laquelle il faut faire une porte dans l'endroit marqué *3* pour qu'Elle puisse (Sa Majesté) aller à couvert dans la chambre de Mme de Montespan. »

Pauvre « paravent », pauvre « chandelier »...

Madame dira un jour : « Le roi n'est point de ces gens à rendre heureux ceux qu'il veut le mieux traiter. Ses maîtresses, à ce que nous voyons, ont plus de trois dégoûts par semaine. » Trois seulement ? Certainement bien davantage pour Louise.

Qu'on en juge : « Mme de Montespan affectait de se faire servir par la duchesse, donnait des louanges à son adresse et assurait qu'elle ne pouvait être contente de son ajustement que si elle n'y mettait la dernière main. Mme de La Vallière s'y portait, de son côté, avec tout le zèle d'une femme de chambre dont la fortune dépendait des agréments qu'elle prêterait à sa maîtresse. Combien de dégoûts, de plaisanteries et de dénigrements n'eut-elle pas à essuyer ! » relate Mme de Caylus.

Son titre de duchesse permet à Louise d'être la première, mais elle sait qu'en réalité elle passe bien après sa rivale.

Et pourtant... pourtant : « La duchesse de La Vallière est assurément grosse, assure le marquis de Saint-Maurice, le 14 mars 1670 ; toute son adresse et (celle) du roi est le cacher à Mme de Montespan... » C'est un vrai vaudeville ! La favorite délaissée – mais pas totalement... – se trouvant enceinte, doit dissimuler son état à l'orgueilleuse marquise ! Il lui est bien recommandé de ne rien dire, de crainte qu'Athénaïs, qui est à peu d'accoucher, n'en éprouve un choc psychologique nuisible au bon déroulement de la venue au monde de son premier enfant...

Mais, le 21 mars, c'est la catastrophe ! « Il y a eu des pleurs chez les dames de la faveur parce que la dernière venue a pénétré la grossesse de l'autre... » On ignore comment ou par qui Athénaïs a découvert ce qu'il en était, mais quel coup ce doit être pour cette femme si infatuée d'elle-même ! « On dit que leur galant s'est trouvé dans un grand embarras... » On le conçoit sans peine. Cela ne manque pas de piquant et nous fait voir Louis XIV sous un jour plus inhabituel.

Il y a aussi l'anecdote d'une crème « merveilleuse » utilisée par Louise pour la blancheur de sa peau. Mme de Montespan veut en acquérir également, mais la duchesse ne tient pas à divulguer ses secrets de beauté, pas plus que l'adresse de son fournisseur. Le roi est prié de s'entremettre et user de son autorité afin de satisfaire le caprice de son exigeante maîtresse. Louise – mais faut-il ajouter foi à l'histoire ? – consentit à livrer l'adresse de son fournisseur, mais à la condition – relate Saint-Maurice – « que les faveurs fussent égales »...

Est-ce pour cette raison « crèmeuse » que la duchesse recommence à s'arrondir ? Qui peut le certifier ? Le fait est que la Montespan tempête et trépigne, et que le roi a bien du mal à apaiser la tigresse déchaînée.

Lorsque Louise ne doit pas cohabiter à Saint-Germain avec la marquise, elle vit douillettement dans son hôtel de la rue de la Pompe à Versailles et y fait effectuer de nombreux embellissements. Les chaises sont recouvertes de satin, des lustres de cristal pendent des plafonds, des candélabres et des bougeoirs en argent permettent de passer d'une pièce à l'autre. Le lit de la favorite est orné de sculptures et des courtines peuvent dissimuler l'occupante. Aux fenêtres sont drapés d'épais rideaux de brocart, des tapis moelleux jonchent le sol. Sur la table brille une argenterie raffinée.

Louise a choisi la teinte grise pour la livrée de ses domestiques. Une teinte neutre, discrète. Pour les grands déplacements, elle utilise son carrosse, et pour de petites courses sa chaise à porteurs.

Au mois de mars 1669, la duchesse de La Vallière se rend acquéreur de l'hôtel de Taillevend, à Saint-Germain, ancienne propriété du marquis de Louvois.

Soudain, un jour, Louise voit à quel point la vie est peu de chose, combien elle est ténue. Combien il n'est jamais trop tôt pour se préparer à la quitter pour toujours. En un rien de temps, en effet, la jeune femme est à la mort. Athénaïs lui a-t-elle fait ingurgiter une poudre de la Voisin ? Ou, plus vraisemblablement, fait-elle une fausse couche aux suites dramatiques ? On ne sait, mais ce qui est certain, c'est que l'enfant attendu ne viendra jamais au monde... Dans sa chambre, plusieurs médecins l'entourent et doutent de pouvoir la sauver. Des prêtres semblent sceptiques quant à son salut.

La malade se débat fiévreusement ; elle délire, elle ne veut pas mourir en état de péché. Elle supplie le Ciel de l'épargner. Elle promet de faire pénitence, elle se souvient de la foi de son enfance, de la foi si profonde de son père. Plus tard, elle écrira dans ses *Réflexions sur la Miséricorde de Dieu* :

« Les médecins d'un côté et les prêtres de l'autre parlaient aussi peu sûrement sur ma vie que sur mon âme et, comme une pauvre bête, je ne pouvais rien pour mon salut... »

Elle s'agite, crie sa peur de l'enfer, et refuse pourtant de se confesser. Elle tremble « jusque dans la substance de ses os ». Que n'est-elle un simple animal pour ne connaître jamais les tourments éternels ! Il y a si longtemps qu'elle vit dans le péché, dans l'indifférence... Quelle place Dieu tenait-il dans sa vie à cette époque ? Une place « officielle » uniquement.

Comme tout le monde, elle assiste aux offices, de même que le roi et Mme de Montespan. Les sermons de Bossuet sont toujours écoutés avec une grande attention.

Louise est saine et solide, ô combien ! Elle l'a bien souvent prouvé au moment de ses grossesses. Bref, Louise se remet après avoir frôlé la mort. Cependant, on peut certifier que le choc moral est de loin le plus profond : « Que je n'oublie jamais, écrit-elle peu après, le spectacle de mon agonie et de votre justice, où, ainsi qu'une pauvre criminelle sur l'échafaud, j'avais impatience de voir bientôt finir tous ces apprêts de mort. »

Redevenue plus calme, elle accepte enfin de se confesser en versant d'abondantes larmes. De quelles fautes s'accuse-t-elle ? Bien sûr, d'un peu de gourmandise, de coquetterie, des petits mensonges, des broutilles, mais surtout de la vanité, une vanité qui lui a fait « trop savourer » l'encens des médiocres, le désir de plaire au monde, de l'aimer, « des caresses de la fortune auxquelles on résiste si peu ». Mais le plus grand péché, c'est surtout un amour défendu, un amour scandaleux, néanmoins son unique amour, un amour, un seul amour, pour un homme exceptionnel, un roi, et qui pis est : un homme marié. C'était là sa plus grande faute. Avoir aimé un être passionnément, un être qui, elle le savait maintenant, n'aimait en réalité que sa propre personne. Elle comprend enfin combien elle s'est fourvoyée. Dieu seul mérite d'être aimé comme elle a aimé.

Elle supplie le Seigneur « d'enchaîner sa gloire et son ambition qui, comme des chevaux furieux, ont entraîné mon âme vers le précipice ». Elle veut se détacher de cet homme couronné en qui elle n'a jamais trouvé « qu'une extrême ingratitude et des dégoûts tout particuliers ». Elle avait cru aimer une sorte de dieu, mais ce n'était qu'un homme, un homme égoïste, un homme qui parfois se conduit en bien petit monsieur... Elle conjure encore : « Ne souffrez pas que le premier usage de cette vie et de cette santé que vous venez de me rendre, ne soit qu'un épanchement de mon cœur vers le monde et la créature. »

Toutefois, elle refuse de communier aussitôt après sa confession : elle ne s'en juge pas encore digne. Elle implore le Dieu bon qu'avant de « s'approcher de sa table sacrée et de participer à ses divins mystères, de lui accorder une foi vive, humble et constante ».

Peu après, elle dira :

– Maintenant, je suis persuadée qu'il y a une justice divine, un paradis, un enfer et une éternité.

Certes, Louise va désormais prier avec ferveur, le matin, le soir, mais aussi fréquemment au cours de la journée, car les occasions de retomber dans le péché sont nombreuses. Il ne faut pas imaginer Madame la duchesse de La Vallière confite en dévotion du jour au lendemain ; cependant, elle a réalisé qu'une « âme dans le monde, sans prière, sans réflexion et sans consulter Dieu sur sa conduite, est comme un vaisseau sans pilote et sans gouvernail au milieu de l'orage ».

Elle ne renonce pas encore au monde, – elle en est encore loin –, au monde, mais surtout au roi... Elle l'aime toujours, bien entendu. On ne se débarrasse pas d'un amour aussi profond comme on le ferait d'une écharpe légère. Le monde où elle sait qu'elle va retrouver ses bourreaux. Elle sent bien le danger que court un cœur sensible, quand les occasions de souffrir ne manquent pas. Il ne faut pas qu'elle se flatte d'être « morte à ses passions, pendant que je les sens vivre plus fortement que jamais dans ce que j'aime plus que moi-même ».

Elle prie et avoue néanmoins n'être « pas tellement portée à la prière ».

– Oh ! Seigneur, donnez-m'en le désir et le goût.

Louise, sans pour ainsi dire déposer sa plume d'oie durant environ trois jours, rédige avec une hâte fébrile ses *Réflexions sur la miséricorde de Dieu et sur notre misère après une grande maladie.* C'est une sorte d'essai pour voir clair en elle-même. Elle prend la décision de rester dans le monde « pour y souffrir, mon Dieu, sur ce même échafaud où je Vous ai tant offensé ». Elle choisit, elle accepte de subir de nouveau les humiliations, afin de s'apparenter au Seigneur « humilié devant Hérode et dans sa cour où il n'a jamais voulu paraître qu'une fois pour y être méprisé, et que cela me fasse aimer les humiliations et les dégoûts dont vous bordez toutes vos voies ».

Elle se prétend « une pauvre créature encore attachée à la terre, et qui ne fait que ramper dans le chemin de la vertu... ».

Comme il a été fort exprimé, ces *Réflexions* sont un appel mystique de conversion, plutôt qu'une vraie conversion.

En effet, Louise n'est pas prête encore à renoncer au monde, car y renoncer, ce serait renoncer à voir, à entendre son « beau tourment ». Elle se plaint constamment de sa faiblesse, de « l'impuissance continuelle où je suis de faire du bien, et cette pente naturelle qui me porte toujours au mal ». Ne la croirait-on pas méchante, alors que sa bonté et sa générosité n'ont pas de limites...

Elle n'ignore pas combien « l'espérance d'un vain plaisir et d'une bagatelle font tourner la tête et enivrent de sa fumée ».

Elle souhaite, elle espère, avec une certaine ingénuité, en menant désormais une vie exemplaire, édifier la cour. Mais les frivoles créatures qui font partie de son entourage ne se montrent aucunement disposées à entendre de pieuses paroles. Elle est décidée à subir avec abnégation les affronts du roi, les moqueries d'Athénaïs, qui la prend pour une sotte qui ne remarque rien.

« J'écris ce papier, précise-t-elle, de ma propre main, comme un registre de Vos miséricordes, de mes plus intimes résolutions... afin que toutes les fois que je m'oublierai moi-même, que ma foi sera chancelante, mon espérance refroidie et ma charité quasi morte, et que je ne sentirai plus dans mon cœur que la corruption de ma nature, je rappelle par la lecture de ce papier le souvenir et le sentiment de Vos bontés et de Votre grâce en mon âme... »

A peine remise, Louise fait de nouveau partie de la vie de la cour. Cependant, pour ne pas risquer d'oublier les heures terribles qu'elle vient de passer, ces moments qui lui ont permis de faire un retour sur elle-même, Louise porte désormais un cilice qu'elle gardera de jour comme de nuit. Nous le savons grâce à une lettre adressée au père César du Saint Sacrement, carme déchaussé, qui, sur la recommandation du maréchal de Bellefonds, est devenu le directeur spirituel de la jeune femme : « Ah ! mon père, ne me grondez pas de ce cilice ; c'est bien peu de chose. Il ne mortifie que ma chair parce qu'elle a péché, mais n'atteint pas mon âme, qui a plus péché encore. Ce n'est pas lui qui me tue, ce n'est pas lui qui m'ôte tout sommeil, tout repos : ce sont mes remords. C'est surtout le lâche désir d'en ajouter d'autres à ceux que j'ai déjà. Et puis ne *les* vois-je pas, mes yeux ne suivent-il pas *leurs* yeux ? Ne suis-je pas assise à côté de ma rivale tandis que *lui* est à côté d'elle aussi, mais loin de moi ? N'ai-je pas vu ? N'ai-je pas entendu ? Ah ! mon père, que Dieu me punisse si je blasphème, je ne sais ce qu'est l'enfer, mais je ne saurais en imaginer un plus terrible que celui qui est en mon cœur, où il reste néanmoins, où il se complaît, car ne plus le voir serait un autre enfer auquel il ne s'accoutumerait point. »

Quel aveu dans cette phrase : elle a « le lâche désir d'ajouter d'autres remords à ceux qu'elle a déjà... ». Elle aime toujours passionnément Louis, elle espère, elle souhaite jour après jour retrouver son amour. Quelle complexité dans cette âme tourmentée...

Le 28 avril, trente mille soldats, commandés par Lauzun, devenu lieutenant général, forment la suite du roi, à laquelle il faut ajouter les deux cents personnes de la suite de Madame, et les trois cents de la suite de Monsieur. Toute cette foule prend la direction des Flandres, sous le prétexte de faire visiter à la reine les villes conquises, et d'accompagner Madame jusqu'à Dunkerque, d'où elle doit s'embarquer pour l'Angleterre afin d'y conclure un traité d'alliance entre son frère Charles II et Louis XIV.

Ils sont huit dans le large carrosse royal orné de glaces de Venise : les souverains, Monsieur et Madame, Mademoiselle de Montpensier, la duchesse de La Vallière, la marquise de Montespan et la comtesse de Béthune. Ce n'est pas une partie de plaisir, loin de là ! Il fait un temps détestable. Le carrosse tangue, cahote dans les chemins devenus des fondrières. A quatre jours de Paris, la pluie est si abondante que de nombreux chariots s'embourbent, des voitures se renversent. Rien n'entame la bonne humeur du roi. Mademoiselle s'amuse de tout. Louise et Athénaïs semblent liées par une chaîne. Aux étapes, en dépit des talents d'organisateur de Louvois, la nourriture est bien souvent médiocre, le beurre, les œufs manquent parfois. En observant le visage de Madame, épuisée, qui ne peut avaler que quelques gorgées de lait, Monsieur ironise d'un ton badin :

– On m'a prédit que j'aurai plusieurs femmes, et en l'état où est Madame, j'ai raison d'y ajouter foi !

On n'est pas plus aimable ! Le frère du roi est dévoré de jalousie à l'idée de ne pas faire partie du voyage de son épouse en Angleterre.

Des incidents parfois cocasses ont lieu. A Landrecies, puisqu'il faut attendre que le pont permettant de franchir la Sambre soit réparé, Marie-Thérèse descend du carrosse pour se dégourdir un peu les jambes. Mademoiselle, qui tient la traîne de la reine, trébuche et se retrouve à genoux dans la boue, tandis que la souveraine, tirée brusquement en arrière, manque, de ce fait, de choir sur la cousine du roi.

– Faites attention, vous me tirez !

– Madame, je suis tombée dans un trou. Attendez que j'en sorte !

La ferme où il faut coucher ne comprend pas de lits. Des matelas sont donc jetés sur le sol et le roi s'installe, ayant à sa droite, la reine, et à sa gauche, Mademoiselle de Montpensier car, même « à la dure », les préséances sont respectées.

– Quoi ! coucher tous ensemble ! s'offusque Marie-Thérèse.

Mme de Montespan est auprès d'elle et Louise de La Vallière s'étend à côté de la Grande Mademoiselle.

Dans les villes traversées, fêtes et banquets se succèdent. Le roi n'hésite pas à « donner au monde le spectacle nouveau de deux maîtresses à la fois », écrit Saint-Simon dans ses *Mémoires.* « Le roi les promène aux frontières, aux camps, aux armées dans le carrosse de la reine. » Un « scandale », estime le mémorialiste.

Il faut maintenant se séparer de Madame qui prend la direction de Lille afin d'aller s'embarquer à Dunkerque, le cœur rempli de joie à l'idée de revoir son frère bien-aimé.

Le 12 juin, Henriette d'Angleterre, duchesse d'Orléans, revient en triomphatrice après avoir signé le traité de Douvres – ou de Madame – tant désiré par son beau-frère qui, ayant obtenu ce qu'il souhaitait, ne se donne même pas la peine de se rendre au-devant d'Henriette.

Louise, dont les yeux se dessillent chaque jour davantage, se rend compte de la profonde ingratitude du roi. Il croit – presque ingénument – que tout lui est dû.

En l'occurrence, selon l'étiquette, le souverain aurait dû aller à la rencontre de la princesse et la ramener en cortège jusqu'à Saint-Germain. Monsieur, vert de jalousie, excédé par le concert de louanges au sujet de son épouse, a demandé au roi son frère de n'en rien faire. Louis, qui n'apprécie les acclamations qu'à condition qu'elles lui soient destinées, a donné cette petite satisfaction à Monsieur, son cadet.

Le 26 juin, les Orléans sont reçus à Versailles où le roi s'enferme avec Henriette qui lui rend compte de son voyage. Le 29, Madame est à Saint-Cloud. La chaleur est étouffante. La princesse s'endort quelques instants sur l'épaule de Mme de La Fayette. A son réveil, tous remarquent l'altération de ses traits. Elle a soif et demande un verre d'eau de chicorée pour se rafraîchir. Soudain, après quelques gorgées, elle porte la main à son côté et gémit :

– Ah ! Quel point de côté ! Ah ! Quel mal ! Je n'en puis plus !

Les médecins, promptement mandés, s'agitent autour d'Henriette. Vers neuf heures du soir, le roi, prévenu, fait atteler ses « enragés », des chevaux nourris d'une façon spéciale afin de les rendre particulièrement rapides. Louis monte en carrosse en compagnie de la reine, de Mademoiselle, de Louise et d'Athénaïs. Il leur faut à peine vingt minutes pour aller de Versailles à Saint-Cloud.

A l'exemple du roi très ému à la vue d'Henriette presque défigurée par la souffrance, tous se mettent à pleurer. Louise est profondément bouleversée. La jolie femme qu'était Madame, qui l'avait aimée, puis déchirée, méprisée, jalouse sûrement de son bonheur dans les bras du roi alors qu'elle était si mal mariée, Henriette d'Angleterre, du même âge que la duchesse de La Vallière, se tord de douleur sur sa couche...

M. de Condom, l'abbé Bossuet, a été mandé. Il s'agenouille au chevet de la mourante et lui parle avec douceur et humanité pour la préparer au grand départ. Il lui rappelle que Dieu est amour et qu'Il reçoit tous les pécheurs qui se repentent avec sincérité. Madame serre dans ses mains un crucifix que Bossuet lui fait baiser au moment où elle rend le dernier soupir, à deux heures du matin.

Louise aura l'impression que les paroles prononcées par Bossuet lui sont adressées : « Après ce que nous venons de voir, la santé n'est qu'un nom, la vie n'est qu'un songe, la gloire n'est qu'une apparence, les grâces et les plaisirs ne sont qu'un dangereux amusement ; tout est vain en nous, excepté le sincère aveu que nous faisons devant Dieu de nos vanités et le jugement arrêté qui nous fait mépriser tout ce que nous sommes. »

Après le décès d'Henriette, Louise écrit, dans son gros cahier où sont rédigées ses *Réflexions* : « O Mort, que tes approches sont cruelles à celui qui n'a jamais pensé à la mort et qui a mis toutes ses espérances dans les biens de la terre, ô mort, que ta vue est épouvantable à celui qui n'a jamais connu Dieu que pour L'offenser ! »

Pendant plusieurs années, Louise va lutter pour se libérer, mais elle n'en a pas encore la force : « Si je devais aller à Vaujours, avoue-t-elle, m'enterrer dans cette province éloignée et m'y contenter d'une existence campagnarde pour y passer le reste de ma vie, sans un ami pour me consoler, hélas ! Je sens intérieurement qu'après un tel événement, je n'aurais ni la force ni le courage de survivre – et que le mieux que je pourrais faire serait de mourir. »

Loin de la cour, c'est pour elle le désastre, l'exil... Elle n'a pas encore assez été touchée par la grâce...

VI

« EN ME DONNANT À DIEU, C'EST ENCORE VOUS QUE J'AIME. »

COURANT octobre, Louise est du voyage à Chambord et ses enfants l'accompagnent. Elle a l'intention de faire du bien en Touraine : son pays.

De retour à Paris, elle assiste très certainement à la première représentation de *Bérénice* de Racine, le 21 novembre 1670, donnée à l'hôtel de Bourgogne. La Champmeslé prêtait au rôle de Bérénice une voix qui, estime La Fontaine, « allait droit au cœur ». N'est-ce pas à Louise de La Vallière à laquelle le poète a pensé en écrivant ces vers prononcés par Titus :

Je connais Bérénice et ne sais que trop bien
Que son cœur n'a jamais demandé que le mien...
Elle passe ses jours, hélas ! sans rien prétendre
Que quelque heure à me voir et le reste à m'attendre.

En est-elle émue ? C'est possible, mais ce qui la touche désormais davantage, ce sont les sermons de Bossuet qui semble souvent ne prêcher que pour elle :

– Si vous regardez la nature des passions auxquelles vous abandonnez votre cœur, vous comprendrez aisément qu'elles peuvent devenir un supplice intolérable... Elles sont toutes en elles-mêmes des dégoûts, des amertumes...

Et aussi :

– Une partie de votre mal consiste dans un certain étourdissement que le bruit du monde vous a causé et dont votre tête est toute ébranlée : il faut vous mettre à l'écart, il faut vous donner du repos.

A Versailles, maintenant, Louise fait partie d'un groupe dont les membres tentent de mettre leur vie en accord avec leur foi. Dans ce groupe, il y avait l'un des gendres de Colbert, M. le duc de Beauvilliers. Le ministre et sa femme aimaient Louise d'une grande amitié, et le duc, fils du premier duc de Saint-Aignan, n'ignorait rien du rôle déterminant joué par son père dans la chute de Mlle de La Vallière. Il met un point d'honneur à aider la jeune femme à remonter la pente. Il ose même lui donner des conseils, alors que, né en 1648, il est le cadet de Louise de quatre années. En 1670, il n'a donc que vingt-deux ans.

Le maréchal de Bellefonds est d'un âge plus en rapport avec la duchesse. Membre, lui aussi, du groupe, c'est un médiocre courtisan. Il est la droiture même, c'est un ami fidèle et dévoué. Neveu de la Mère Agnès, prieure du Carmel du faubourg Saint-Jacques, il s'est initié, grâce à elle, aux questions mystiques. Il aspire à la plénitude de la vie chrétienne. D'après sa sainte tante, c'est un « directeur de conscience en robe courte ». Cependant, en dépit de sa grande spiritualité, ou peut-être grâce à elle, il estime que Louise mérite mieux encore que ses propres directives, et confie la jeune femme – ou plutôt son âme – au père César du Saint Sacrement, du nom de César Friche, prieur du couvent de Charenton. Dur envers lui-même, il n'était qu'indulgence pour ceux qui se confiaient à sa direction, et il leur interdisait surtout nous l'avons vu, l'usage des cilices, des haires et autres mortifications personnelles.

– Je vous demande seulement de Le regarder.

Cette façon de prier convient à Louise et apporte le calme dans son esprit. Elle médite longuement. Malheureusement, le père César ne résidait pas à Versailles et ne pouvait converser avec Louise que de loin en loin. Il lui fallait quelqu'un en qui elle puisse avoir recours aussi souvent qu'elle en sentait le besoin. Bellefonds lui présenta alors un autre de ses grands amis, du nom de Bossuet... Louise avait suivi ses prêches du carême, au Louvre, en 1662, et ses sermons de l'avent en 1665 ; à Saint-Germain, elle avait entendu le prédicateur en 1668 et en 1669. Cette même année, à Chaillot, en l'église des religieuses de Sainte-Marie, Bossuet prononce l'oraison funèbre d'Henriette de France, mère de Madame. Puis, l'an suivant, en 1670, celle d'Henriette d'Angleterre, qui fit couler des torrents de larmes à tous ceux qui entendirent la célèbre exclamation : « Madame se meurt ! Madame est morte ! »

Louise se souvient, comme si c'était la veille, des allusions du prêtre à sa liaison adultère, les pressants appels au repentir, et son portrait de la Madeleine en qui il avait peint « l'efficacité de la pénitence qui peut surmonter les plus grands obstacles, l'ardeur de la pénitence qui doit anéantir tous les crimes et n'en laisser aucun reste ».

Bossuet, par chance pour la duchesse de La Vallière, est nommé précepteur du dauphin, ce qui l'amène à vivre à la cour. Celui qui, indirectement, avait touché la pécheresse, semble arriver juste à point pour lui venir spirituellement en aide.

La reine Marie-Thérèse finit par reconnaître que son royal époux l'a dupée depuis les débuts de leur union et que Louise est davantage une victime qu'un bourreau. Jamais Mme de La Vallière ne lui a manqué de respect. Elle a toujours montré infiniment de déférence envers la souveraine. Aussi cette dernière, séduite par bien des qualités de Louise, sa délicatesse, sa retenue, son tact, lui rend toute son estime. Elle a petit à petit appris que la jeune femme avait risqué la mort afin de lui dissimuler ses grossesses. La reine sait également que l'ex-favorite n'est pas intéressée, à la différence de la marquise de Montespan...

Les 17 et 19 janvier 1671, aux Tuileries, ont lieu les représentations de *Psyché*, comédie-ballet que Molière, Corneille et Quinault ont écrite en collaboration, avec une musique de Lully. L'orchestre est composé de trois cents musiciens. Pour la première fois, les choristes, au lieu de se trouver dissimulés dans des loges « grillées et treillissées », font leur apparition sur la scène, vêtus comme les acteurs et participent à l'action, c'est-à-dire aux « machines », comme on disait alors.

Tous les costumes sont somptueux et rivalisent d'élégance : jupes de toile d'or, dentelles d'argent, taffetas d'Angleterre bleu, moire vert et argent. C'est un enchantement pour les yeux et pour les oreilles. Louise se rappelle sûrement les merveilleux *Plaisirs de l'Isle enchantée* donnés en son honneur...

Le 8 février, la cour se rend à l'hôtel de Guise, dans le Marais, où est célébré le mariage de Mlle d'Harcourt et du duc de Cadaval. L'hôtel semble briller au soleil grâce aux deux mille lanternes qui l'entourent.

Louise fait partie des quarante dames de la suite de la reine, qui soupe dans l'appartement. Le roi se contente de faire une apparition au bal pour y danser trois ou quatre courantes avant de retourner au Louvre.

Le 10, un grand bal masqué est donné aux Tuileries pour le mardi gras qui marque la fin des réjouissances avant la période de recueillement du carême. Tous s'étonnent de ne pas apercevoir la duchesse de La Vallière. On s'interroge : serait-elle souffrante ?

Plus étrange encore, la marquise de Montespan est également absente. Les deux rivales se seraient-elles égratignées au point de ne pouvoir paraître en public ? Les suppositions les plus folles animent les conversations des courtisans, qui ironisent à qui mieux mieux.

Selon Mme de Montmorency, qui en a été témoin, Louise, ce jour-là, a parlé « légèrement » au roi. Cela signifie-t-il qu'elle a fait une scène à son ex-amant, prenant exemple sur Athénaïs, qui ne s'en prive pas ? Ce n'est pas dans le tempérament de la jeune femme... Il s'est néanmoins passé quelque chose, puisque le mercredi des Cendres, à l'aube, Louise rédige une lettre au roi, le prévenant qu'elle se retire de la cour et laisse à ses enfants pierreries, argenterie, et le peu de biens en sa possession. Ensuite, elle revêt des habits fort simples, gris de lin – couleur de sa livrée –, sort des Tuileries, et, à pied, longe la Seine jusqu'au village de Chaillot – appelé également faubourg de la Conférence. Arrivée à destination, alors que le jour se lève, elle demande asile au monastère des dames de la Visitation.

Neuf ans auparavant, affolée, elle s'était réfugiée au couvent voisin des chanoinesses. Louis, passionnément amoureux à cette époque, était promptement venu l'en retirer. Cette fois, le roi, mis au courant, ne change en rien son emploi du temps. Il se rend à

Versailles comme prévu. En chemin, dans son carrosse, il verse pourtant quelques larmes... Nous avons révélé qu'elles lui venaient facilement. Mme de Montespan, ne voulant pas être en reste, en fait autant – ou fait semblant – et la Grande Mademoiselle sort son mouchoir de dentelle et s'essuie ostensiblement les yeux. Elle ne porte pas une grande amitié à Louise, mais puisque son cousin répand un pleur, il est de bon ton de l'imiter.

A Versailles, Louis charge Lauzun d'aller récupérer la sultane de son harem. Il ne veut pas être laissé en plan comme n'importe quel individu. Lauzun est un bon choix – il exècre Athénaïs après l'avoir adorée, car elle a fait sciemment échouer son mariage avec Mlle de Montpensier. Lauzun a beau user de toute son éloquence, elle n'a aucun effet sur la fugitive qui refuse catégoriquement de le suivre. Louis XIV, connaissant leur amitié, envoie alors aux Visitandines le maréchal de Bellefonds. A lui, la duchesse veut bien se confier. Elle le charge de dire au roi :

– J'aurais plus tôt quitté la cour si j'avais pu m'en arracher...

Entendons par là son amour pour le souverain.

– Cette faiblesse a été si forte en moi qu'à peine suis-je capable présentement d'en faire un sacrifice à Dieu... et après lui avoir donné toute ma jeunesse, ce ne sera pas trop encore du reste de ma vie pour le soin de mon salut...

Mme de Sévigné estime que Mme de La Vallière, « si après avoir perdu l'honneur des bonnes grâces du roi, elle avait eu le courage de ne plus le voir, du moins elle voulait que le reste de sa passion servît à sa pénitence... ».

Pas plus que Lauzun, Bellefonds ne peut parvenir à décider Louise de revenir aux Tuileries. De guerre lasse, Louis XIV songe à Colbert, si proche de la jeune femme, et dont l'épouse sert toujours de mère à Mlle de Blois et au comte de Vermandois.

Le ministre saute à cheval et éperonne sa monture. Il parvient à Chaillot à la tombée de la nuit :

– Le roi vous prie de venir à Versailles pour avoir un entretien avec vous, déclare-t-il à Louise. Sa Majesté a dit que si vous persévériez dans votre résolution, Elle vous donnait sa parole de ne pas s'y opposer.

La jeune femme hésite... puis, au bout d'un temps assez long, finit par accepter de suivre le ministre. Ils arrivent à Versailles dans la soirée. Le roi attend sa tendre amoureuse. Il lui ouvre les bras... Athénaïs accourt, les larmes aux yeux : « Des larmes, devinez de quoi ? » demande Mme de Sévigné à sa fille, Mme de Grignan, avec ironie. La belle avait fait une scène à son royal amant à la perspective du retour de Louise. Elle ne risquait pourtant pas grand-chose, mais elle tient à régner en souveraine absolue sur le cœur de Louis.

Le roi se montre enjôleur, charmant, doux, il déploie toute sa séduction, et Dieu sait qu'il peut en avoir ! Au bout d'une heure, Louise est vaincue : elle partira le lendemain avec la cour pour Saint-Germain.

Tous croient à un été de la Saint-Martin. Mme de Sévigné écrit, le 18 février, à sa fille : « Mme de La Vallière est toute rétablie à la cour. Le roi la reçut avec des larmes de joie, elle a eu plusieurs conversations tendres. Tout cela est difficile à comprendre, il faut se taire. » Et, le 27 du même mois, elle ironise de nouveau : « A l'égard de Mme de La Vallière, nous sommes au désespoir de ne pouvoir vous la remettre à Chaillot, mais elle est à la cour beaucoup mieux qu'elle n'a été depuis longtemps, il faut nous résoudre à l'y laisser. »

De son côté, Mlle de Scudéry, après avoir loué l'attention de Louis XIV, qui s'est montré gentilhomme « même dans ses quitteries » : « Il a des égards pour ce qu'il a aimé, que ces messieurs du bel air n'auraient pas pour une dame qu'ils n'aimeraient point, fût-elle aussi fidèle que la duchesse. »

Nous ne sommes pas totalement d'accord avec Mlle de Scudéry quant aux « égards » du roi « pour ce qu'il a aimé ». Elle n'a bien entendu jamais assisté à l'incroyable muflerie de Louis se changeant en présence de Louise au retour de la chasse, avant de passer dans la chambre d'Athénaïs, et du jour où il mit dans les bras de son ex-bien-aimée un petit chien en lui jetant dédaigneusement : « Contentez-vous de cela ! » C'est agir là, nous semble-t-il, en bien petit monsieur... Qu'on ne s'offusque pas de cette opinion vis-à-vis du « Grand Roi », au sujet des femmes. Saint-Simon ne parle-t-il pas de l'« homme de Versailles » comme d'un « fort petit roi » ?

La Grande Mademoiselle prétend que tout le monde trouva que Louise « en avait usé sottement » en ne posant pas ses conditions. Quelles conditions ? peut-on se demander. La duchesse de La Vallière sait fort bien qu'elle n'a plus aucun pouvoir sur celui qu'elle continue à aimer en dépit de tout.

Puis vient le tour des calomnies : « On dit que c'était une ruse pour faire du bien à son frère, qui a tout dissipé celui qu'elle lui avait fait donner et est très mal dans ses affaires. » D'autres assurent que le roi a l'intention d'offrir à son ancienne favorite la demeure de Mme de Beauvais à Paris, 100 000 écus de rente et, après l'avoir fait épouser le duc de Longueville, lui confier l'éducation de ses enfants...

La cour se divertit comme à son ordinaire, et « les dames de la faveur sont toujours dans la même posture, dit Saint-Maurice (Primi Visconti) le 27 février, et Mme de La Vallière est de tous les écots ; je la vis hier en habit de chasse, pompeuse dans le carrosse du roi où étaient Mme de Montespan et quelques autres dames... ».

Et le 6 mars, dans une lettre au duc de Savoie, il l'informe : « La bonne opinion que Votre Altesse avait pour Mme de La Vallière n'aura pas duré ; elle ne songe plus au couvent ; elle est contente parce que le roi a plus d'empressement pour elle qu'auparavant. »

Pourtant, tous remarquent que Louise mène une vie beaucoup plus retirée que naguère. Elle s'habille d'une façon plus modeste, et n'assiste aux fêtes officielles que mandée expressément par le roi. Elle a maigri. Elle n'est pas malade mais jeûne très sévèrement ; de plus, un gros rhume de cerveau la rend « tout enchifrenée ».

Courant avril, la cour, à la suite de Sa Majesté Louis XIV, se rend à la grande fête donnée par le prince de Condé à Chantilly. Le roi arrive le jeudi 23 au soir, nous relate Mme de Sévigné : « La chasse, les lanternes, le clair de la lune, la promenade, la collation dans un lieu tapissé de jonquilles, tout cela fut à souhait. On soupa, il y eut quelques tables où le rôti manqua, à cause de plusieurs dîners où l'on ne s'était point attendu. » Vatel, contrôleur et intendant, qui n'avait pas dormi depuis deux nuits, en fut accablé : « Je suis perdu d'honneur, voici un affront que je ne supporterai pas ! » Le prince de Condé, averti du désespoir de son intendant, vint le consoler : « Vatel, tout va bien, rien n'était si beau que le souper du roi. » En effet, le rôti avait seulement fait défaut à deux tables servies en dernier. Mais, fait plus grave,

Vatel, faisant sa ronde à quatre heures du matin, ne trouve que deux charges de marée... Il patiente un moment, mais rien n'arrive. « Je ne survivrai point à cet affront-ci, j'ai de l'honneur et de la réputation à perdre ! » puis il regagne sa chambre et se passe son épée à travers le corps. Il doit s'y reprendre à trois fois avant de trouver la mort, alors que la marée parvenait de toutes parts à Chantilly.

Le célèbre suicide du pauvre Vatel – dû sûrement à une trop grande fatigue – n'a aucune répercussion sur la fête. Le dîner est jugé excellent, la collation également, sans oublier le médianoche. En prenant congé, le roi dit à Condé :

– Mon cousin, il faut que vous me cédiez Chantilly...

– Chantilly est aux ordres du roi : j'espère que Sa Majesté me nommera son concierge.

Décidément, Louise a des ennuis de santé : la voici maintenant affligée d'une loupe au cou, sous la mâchoire à droite. Soignée, elle doit rester enveloppée de linges habilement dissimulés par ses coiffes. Pourtant, « elle ne laisse pas de sortir souvent avec le roi et d'en être fort caressée »... Tous ceux qui l'épient ne peuvent déceler qu'autour de la taille de la jeune femme un cilice lui meurtrit la chair. C'est une auto-punition qu'elle s'inflige puisqu'elle n'a pas encore trouvé la force de trancher entre son amour terrestre et l'amour divin. Egalement auto-punition morale de continuer à voir l'homme idolâtré et de le voir aux côtés d'une femme dont elle ignore pourtant encore la profonde méchanceté et la duplicité.

Il est question à nouveau d'un voyage dans les Flandres, et cette fois Louise s'en réjouit. Elle ne souhaite rien tant que la solitude qui lui rendra la paix de l'âme, car elle est persuadée de ne pas être du déplacement. Il s'agit de montrer à Marie-Thérèse l'état des travaux de fortification de Vauban.

– Je n'y vais pas, assure Louise à Bossuet.

Elle semble avoir oublié qu'appartenant à la cour – au roi –, véritable esclavage, elle n'est pas libre de ses décisions. Elle a beau prétendre être poursuivie par des créanciers, Louis, par lettres patentes du 19 mai, enjoint aux cours de justice de suspendre pour six mois toute procédure « ayant ordonné, précise-t-il, à notre chère et bien-aimée cousine la duchesse de La Vallière de nous suivre en notre voyage et ladite dame ne pouvant, à cause de ce, vaquer à ses affaires ». Et la « très chère et bien-aimée » doit partir avec toute la cour. Il lui était sorti de l'esprit qu'elle servait toujours de « paravent », M. de Montespan continuant à ignorer son infortune.

Dans ses *Mémoires*, le chanoine Maucroix raconte qu'il a vu le roi, Mme de La Vallière et Mme de Montespan monter dans la même calèche, sur la même banquette, les deux femmes de chaque côté de Louis. « La Vallière me parut fort jolie et avec plus d'embonpoint qu'on me l'avait figurée. Je trouvai Mme de Montespan fort belle ; surtout elle avait un teint admirable... » Le roi avait revêtu un costume brun aux parements or. Ils se rendaient tous trois à la chasse au sanglier.

L'attitude pleine de réserve de Louise est connue et commentée jusqu'en province. Mme de Sévigné y est pour quelque chose, puisque ses lettres sont non seulement lues mais bien souvent recopiées : « Les noirs chagrins ou les tristes ennuis des dames de Saint-Germain, et peut-être que la plus enviée n'en est pas toujours exempte », écrit-elle à Mme de Grignan, le 13 janvier 1672.

Le lecteur a compris que les « dames de Saint-Germain » désignent les deux favorites... Louise y avait été si heureuse dans son petit appartement, dont la terrasse donnait sur la vallée, où Louis venait la rejoindre par un escalier dérobé.

Toute cette période de rêve est bien terminée. « Combien de dégoûts, dit Mme de Caylus, de plaisanteries et de dénigrements n'eût-elle pas à essuyer durant l'espace de deux ans qu'elle demeura ainsi à la cour ? »

La duchesse douairière d'Orléans qui, par sa venue à Paris, a changé le destin de Louise, s'éteint en mars 1672. Son départ laisse peu de regrets. Louise garde ses larmes pour pleurer avec la reine la mort de la petite Marie-Thérèse de France. La reine a fini par donner toute son amitié à la duchesse, en comprenant à quel point la jeune femme était sincère dans son repentir.

Sans qu'il y ait déclaration de guerre, Louis XIV, le 27 mars 1672, quitte Paris. Il va châtier les Hollandais des « mauvaises satisfactions » qu'ils lui ont données. Peu après une discorde dans le commandement de l'armée, le roi envoie les maréchaux Créqui, Humières et Bellefonds « planter des choux à la campagne ».

Louise profite de l'absence du roi pour mener une vie des plus retirées. Elle passe de longues heures en prière, ou devant le Saint Sacrement. Au père César, « excellent pour les consciences délabrées », elle confesse ses luttes et ses peines, et le religieux lui conseille l'aumône « qui rachète le péché ». Louise, d'ailleurs, s'est toujours montrée généreuse, et particulièrement avec ses vassaux de Vaujours. Elle s'efforce de soulager les malades pauvres de son duché, ainsi que le faisait autrefois son père, et elle les aide de différentes façons. Les sommes versées sont si importantes qu'un moine lui déclare (elle le racontera plus tard au Carmel, ayant considéré la phrase comme un présage heureux) :

– Madame, vous êtes trop charitable pour que Dieu n'ait pas pitié de vous. Espérez en Lui, vous éprouverez un jour les effets de Sa miséricorde.

L'absence du roi donne à Louise la force de pouvoir dire :

– Parce que Dieu a touché mon cœur et m'a fait voir mes fautes, je sens que je dois faire pénitence et voir le roi m'abandonner. J'ai souffert comme une damnée, mais je l'ai offert à Dieu pour expier mes fautes. Mes fautes étaient publiques, il est normal que mon repentir le soit aussi.

Elle pourrait ajouter qu'elle fait également pénitence pour Louis, car Mme de Montespan vient d'accoucher en juin d'un troisième enfant. Le « paravent » ne dissimule plus grand-chose. La conduite du roi est jugée de plus en plus scandaleuse, et Bossuet ainsi que d'autres prédicateurs ne se gênent pas pour morigéner le souverain du haut de la chaire.

Louise, désolée de l'exil – momentané – de son ami Bellefonds, en profite pour le rencontrer plus souvent et avoir de longs entretiens avec lui, qui fait de fréquents séjours à la Trappe.

Au mois d'avril 1674, le plan de la nouvelle campagne est établi par Louis XIV et Louvois. Aussi, le 1er mai, accompagné de *ses* entours féminins habituels : la reine, la Grande Mademoiselle, Mme de Richelieu et Mme de Béthune, Mlle d'Elbeuf et la duchesse de La Vallière, le roi reprend le chemin de l'Est. Mme de Montespan, une fois de plus enceinte, voyage dans son propre carrosse. Il eût été impensable de mettre sa taille épaissie sous le regard de Marie-Thérèse. « Cette dame, plaisante Saint-Maurice, est fort féconde et sa poudre prend bientôt feu, car il n'y a pas encore huit mois et demi que le roi est de retour de la dernière campagne ! »

La reine et Louise, profondément émue par la bonté de Marie-Thérèse, s'installent dans le palais épiscopal, tandis qu'Athénaïs et la veuve du poète Scarron, qui a soin des bâtards de Sa Majesté depuis leur naissance et les dissimule aux yeux de tous, vont loger dans la citadelle. La présence de la veuve Scarron – future Mme de Maintenon – est d'autant plus nécessaire que le quatrième bâtard de Louis XIV et de Mme de Montespan viendra au monde le 1er juin 1674.

Les vers que l'on va lire ont été attribués à Louise de La Vallière, en date du 2 juin 1674.

Grand roi... Quel autre nom dans l'état où je suis
Me sied-il de donner au plus grand des Louis ?
Il m'est permis encore d'admirer votre gloire
Des songes trop flatteurs emplissaient ma mémoire
C'est l'instant du réveil... et j'écris à mon roi
Vous cessez de m'aimer, tout est fini pour moi.
J'ai longtemps dédaigné l'éclat du diadème,
Vous savez trop qu'en vous je n'aimais que vous-même
Vous m'aimiez..., votre amour m'a tout fait oublier.
A cet amour éteint j'ai dû sacrifier
Tout... jusqu'à la vertu, vous l'avez surmontée.
Le remords seul m'en reste et vous m'avez quittée...

Je me peindrai ce Dieu... que j'implore aujourd'hui
Sous les traits du mortel... le plus semblable à lui...

Puis-je dans ces moments me cacher à moi-même
Qu'en me donnant à Dieu, c'est encore vous que j'aime.

Bellefonds ayant été rappelé par Louis XIV pour protéger Tournai, à la tête de quatre mille cavaliers, c'est un grand bonheur pour Louise qui lui écrit, le 9 juin : « Je me souviens fort bien de nos derniers entretiens, et j'ai la vanité de vous dire que j'en ai profité et que je fais des merveilles ! Je voudrais que vous puissiez en juger par vous-même, car souvent on se flatte sans s'en apercevoir... »

Profonde et belle amitié entre l'officier croyant et la favorite repentante. Elle lui confie son intention de quitter définitivement la cour. Cependant, la pensée de ses enfants lui cause un problème supplémentaire : Est-il raisonnable de les emmener à Vaujours, loin de leur père qui les aime et va souvent les voir ? Bellefonds et Bossuet qui, maintenant, connaissent bien la duchesse et ses possibilités, la savent sans aucune expérience et sûrement incapable de gérer ce grand domaine. Elle n'a aucune idée de la valeur de l'argent, vit bien au-dessus de ses moyens, et sa grande générosité fait qu'elle est fortement endettée. Les deux hommes, d'un commun accord, conseillent à Louise de se donner totalement à Dieu et de choisir de préférence un ordre sévère. Pourquoi pas le Carmel, puisque Louise est plongée dans la lecture du *Chemin de la Perfection* de sainte Thérèse d'Avila ?

– La duchesse prend de plus en plus un air de grande dévotion, constate Mademoiselle de Montpensier.

Est-ce à cette époque que Louise écrit : « Ne me permettez pas, mon Dieu, d'avoir confiance en ma force, simplement parce que je suis dégoûtée de mon péché, tandis qu'actuellement je chéris les heureux souvenirs de cette passion. Ne me permettez pas de m'abuser et de m'imaginer que cette passion est morte, quand je la sens bien plus profondément que jamais pour celui que j'aime plus que moi-même. »

Après la prise de Maastricht, Louis XIV va faire un périple triomphal en Lorraine, en compagnie, comme bien l'on pense, de ses « trois reines ». Le 26 juillet, tout le monde est à Metz, et Saint-Maurice nous renseigne sur le comportement du quatuor : « Le roi est toujours plus empressé auprès de Mme de Montespan ; il y est à toute heure ; elle loge dans la même maison... La duchesse de La Vallière loge dans les maisons les plus proches de Leurs Majestés ; elle ne va pas chez Mme de Montespan ni le roi ne l'entretient pas. »

Le temps n'est pas loin où Athénaïs et Louis ne se soucieront plus d'un « paravent ». Mme de La Vallière sera donc absolument libre de sa propre destinée.

De retour à Paris, Louise se rend parfois avec une amie à la Visitation, qui avait accueilli naguère Mlle de La Mothe-Houdancourt, ancienne dame d'honneur de la reine. La duchesse ne se sent pas attirée par la vie qu'on y mène, mi-religieuse, mi-mondaine. Surtout elle ne veut plus rien qui lui rappelle la cour, ses bavardages, ses futilités. L'ordre des Clarisses, ou des Capucines, infiniment plus strict, possède un monastère, non loin de la place Vendôme, où Louise se rend pour prier. L'ordre avait été créé à Naples en 1528, et le seul couvent de l'ordre en France avait été bâti en 1604, à la suite d'un vœu de Louise de Lorraine, veuve du roi Henri III.

« Faites donc, mon Seigneur et mon Dieu, écrit Louise à la suite d'une de ces visites, que je ne trouve plus mon plaisir qu'avec des personnes saintes et dans des conversations édifiantes où, au lieu de parler du monde et de son prochain, on ne parle que de l'Éternité, d'où notre âme ne sort jamais vide » (Cinquième *Réflexion*).

La lecture de sainte Thérèse d'Avila l'a profondément bouleversée. Elle accompagne une amie au couvent du Carmel du faubourg Saint-Jacques, et, sans révéler son nom, assiste à l'entretien avec des carmélites. Elle est aussitôt séduite par leur façon de s'exprimer, par leur liberté d'esprit. Elle se renseigne sur la règle auprès du père César. Il ne lui cache pas qu'elle est sévère, ce qui attire Louise encore davantage.

– Je suis prête, dit-elle, à exercer sur moi-même toutes les rigueurs que la justice de Dieu exigera.

Etant retournée au Carmel avec son amie, celle-ci communique aux religieuses le nom de la visiteuse. Aussitôt, l'attitude amicale se change en une espèce de froideur réprobatrice. Loin de s'en froisser, Louise conçoit encore plus de respect et d'estime pour ces saintes femmes. Leur ordre n'accepte généralement pas des personnes dont la vie, les mœurs ont été objets de scandale. Le titre de duchesse ne les impressionne pas du tout. Louise en est parfaitement consciente. De ce fait, elle craint de ne pas être agréée, et s'en ouvre à Bossuet et au maréchal de Bellefonds. L'un, le prêtre, est le grand ami du monastère ; l'autre est le neveu de la prieure. Tous deux n'ont pas grand mal à convaincre la mère Agnès de la sincérité absolue et du repentir de Louise, et de son souhait de se consacrer à Dieu. Mère Agnès avait vécu à la cour dès l'âge de douze ans. Elle se souvenait de la griserie qu'on pouvait y éprouver quand on y était seule et sans appui, et aussi des dangers qu'une jeune et jolie femme pouvait y courir...

Il ne restait plus qu'à persuader la communauté... et Bellefonds peut écrire à sa protégée, fin octobre 1673, que les carmélites consentent à la recevoir.

Louise va-t-elle se précipiter au Carmel ? Que non pas ! Ses lettres de cette époque sont quelque peu singulières : « Vous me donnez une grande joie, répond-elle à Bellefonds, le 4 novembre 1673, de m'assurer que je serai reçue quand j'aurai la force de me tirer d'ici. Je crois que c'est en avoir assez pour le moment... »

« Quand j'aurai la force... » Elle semble soudain prendre peur devant le pas à franchir. Le 21 du même mois : « Je m'en vais consulter nos Mères. » Certes, la santé de Louise n'est pas bonne : « Sans mon mal, j'aurais pris l'occasion par les cheveux, mais je suis retenue encore. » Elle paraît intimidée. Elle se confie aussi à Mme Scarron, si sage, si prudente dans ses paroles et dans ses actes, qui relatera dans ses *Entretiens* : « Je crus lui devoir représenter, comme plusieurs autres, qu'elle ne devait pas passer de la vie molle de la cour à une vie austère, et je lui conseillai de s'essayer quelque temps en se contentant de se retirer de la cour pour entrer comme bienfaitrice dans un couvent, y demeurant d'abord comme séculière jusqu'à ce qu'elle vît, par elle-même, si elle pourrait en observer leurs règles. »

C'était là bien mal connaître Louise, se fier à son aspect tout de douceur et ignorer ses ressources d'énergie, physique et morale. Nous pensons à ses accouchements à la sauvette, au port de son cilice, cette souffrance pour s'unir à celle du Christ... et cette volonté d'acceptation des humiliations incessantes que lui faisaient subir la « charmante » Athénaïs et le roi en personne.

De nouveau, elle écrit à Bellefonds : « J'ai vu depuis votre départ les personnes auxquelles j'espère aller bientôt me joindre pour toujours. Tout m'affermit dans mon dessein et je crois que dans peu vous ne craindrez plus pour moi... Dieu est si bon et si miséricordieux qu'Il m'envoie des consolations sans nombre, et chaque instant m'enflamme de son amour si fortement que je n'imagine plus d'autre plaisir que l'espoir d'être à lui sans réserve... » Elle ajoute : « Les heures que je suis obligée de passer encore ici, pour achever ma guérison, me paraissent mille ans. Rien ne m'y retient plus que cela ; et je souffre les douleurs que l'on me fait avec patience, espérant que l'on accourcira mon mal et mon esclavage ; je n'appelle plus mon séjour ici que de ce nom... »

Maintenant que l'amour humain ne la retient plus dans ses doux liens – croit-elle –, les raisons qui la maintiennent à la cour lui sont insupportables, en effet. Les carmélites, cachées derrière le rideau noir de la grille, lui conseillent de se donner à Dieu par cette simple prière : « Mon Dieu, je Vous offre ma grande misère... Me voilà à Vos pieds comme une pauvre bête sans parole, sans esprit et sans sentiments... Enrichissez la pauvreté de mon amour. »

– Je sens que l'amour a plus de part à ce sacrifice que l'obligation de faire pénitence.

L'amour divin, cela va de soi.

Malgré l'extrême discrétion des intéressés, le bruit se répand de la prochaine entrée au couvent de l'ancienne favorite. Elle s'en excuse auprès de Bellefonds : « Vous serez sans doute surpris d'apprendre par d'autres que par moi les bruits qui courent sur ma retraite aux carmélites. Cela est public depuis douze jours, sans que j'aie rien fait que ce que vous avez vu devant votre départ. Je crois que Dieu l'a permis pour me mortifier. »

La cour est ravie de pouvoir papoter sans fin sur cette vocation. N'était-ce pas une ruse pour attendrir le roi une nouvelle fois ? N'était-ce pas une comédie afin de se rendre intéressante ?

Le 9 décembre, Louise déclare à Bellefonds :

– Je ne sais pas encore quand je sortirai d'ici. On me fait mille difficultés sur le temps.

« On », ce ne peut être que le roi. A-t-il encore vraiment besoin de son « paravent » ? Peut-être pas, puisqu'il envisage de légitimer bientôt ses bâtards nés de Mme de Montespan, ce qu'Athénaïs ne cessait de lui réclamer, puisque Louis avait avoué sa paternité des enfants de Louise.

– Que le temps me paraît long, soupire la duchesse, et que j'ai d'impatience de voir arriver le moment. L'on me traite avec beaucoup de bonté, et cela m'engage à faire tout ce que je pourrai pour exécuter avec douceur ce que j'ai résolu.

Et elle conclut :

– Rien ne serait capable à l'heure qu'il est de me faire changer de résolution.

Mme de Sévigné ne connaît pas assez intimement Mme de La Vallière pour pouvoir porter sur elle un jugement réellement valable : « Elle ne parle plus d'aucune retraite, écrit-elle à sa fille le 15 décembre ; c'est assez de l'avoir dit : sa femme de chambre s'est jetée à ses pieds pour l'en empêcher : peut-on résister à cela ? » La chère marquise se montre là, une fois de plus, d'humeur narquoise...

« Lorsqu'un homme ou une femme quitte une situation brillante au temporel pour prendre les ordres, c'est la règle qu'il y ait d'abord un remous de malveillance, écrit un contemporain. Cet individu s'éloigne du gabarit ordinaire, donc il a tort. »

Si Louise continue à suivre la cour partout, aux côtés du roi et de Mme de Montespan, tous ignorent que cette « délicate » couche sur des planches, baise la terre, et « fait, de son propre aveu, toutes les austérités des Carmélites », révèle Mme de Maintenon dans ses *Entretiens*.

La jeune femme donne encore une preuve de résignation et d'humilité en acceptant de tenir sur les fonts baptismaux la fille d'Athénaïs, venue au monde à Tournai. Quelles peuvent être les pensées de Louise en serrant l'enfant dans ses bras ? Se dit-elle que quatre fois mère, elle n'a jamais pu exercer sa maternité ? Ses enfants, c'étaient les fruits du péché. Ils n'avaient été pour elle que souffrances morales et physiques.

Le baptême a lieu le 18 décembre, à Saint-Sulpice. Sur l'acte, aucune mention du père ni de la mère. « Le parrain Louis-Auguste (frère du bébé prénommé Louise-Françoise) tenant pour lui comme procureur messire Thomas Dandin, prêtre ; la marraine, dame Louise-Françoise de La Baume Le Blanc, duchesse de La Vallière. »

La légitimation en fait des princes de France, et la nichée s'installe à Saint-Germain avec leur gouvernante, Mme Scarron. Notons en passant que le marquis de Montespan est toujours bien vivant...

Quelques jours plus tard, Louise demande à Bossuet d'intervenir auprès de la favorite pour qu'Athénaïs soit son interprète et obtienne de Louis XIV le congé qu'elle n'ose pas solliciter personnellement. Le résultat de cette démarche n'est pas un succès. A son habitude, Mme de Montespan utilise la raillerie. « Il semble que les Carmélites font peur », déclare Bossuet. La sage Mme Scarron est dépêchée auprès de Louise afin de tenter de la décourager. Françoise Scarron lui peint la différence entre la vie à la cour, toute d'élégance et de raffinement, et l'existence d'absolu renoncement qui serait la sienne si elle s'obstinait dans sa résolution. Finis les promenades à cheval, la chasse en compagnie du roi, les bals, les banquets, les réceptions, les représentations théâtrales, les ballets, et même les conversations de salon entre intimes et gens d'esprit...

La veuve Scarron ignore sûrement que la duchesse a cessé de fréquenter les « libertins de profession » comme on les nommait ; les Vardes, Lauzun, Bussy-Rabutin, Roquelaure, La Rochefoucauld, Benserade, Dangeau. Louise sait que, dorénavant, elle « fuira avec horreur tous ces méchants qui se parent de leur libertinage, qui se font estimer par leurs vices... quelque goût que j'aie pour leur esprit ou leur personne, je serai fidèle, mon Dieu, à m'éloigner autant qu'il sera possible de leur commerce et de leur amitié ».

Bossuet approuve sa façon d'agir, « doucement, lentement ». Elle se contente de rompre peu à peu des liens « qu'une main plus forte que la sienne aurait brisés tout à coup ». Le prêtre apprécie qu'elle ne soit effrayée par « aucune des circonstances de la condition qu'elle a résolu d'embrasser ». Bien mieux encore, sa résolution paraît s'affermir de jour en jour.

Pourtant, Mme de Montespan a du mal à la croire. Elle trouve bouffonne l'idée qu'une favorite s'enferme dans un couvent sous prétexte qu'elle a cessé de plaire. Elle craint peut-être que cela crée un précédent. Elle ne s'imagine pas personnellement finir ses jours dans un monastère. Elle est bien trop différente de Louise et n'éprouve nul remords de sa conduite.

Louise supplie le Seigneur de lui donner « plus de simplicité et moins de confiance en ma propre raison, plus d'œuvres et moins de lumières humaines et naturelles, de peur qu'en les suivant plutôt que celles de Votre grâce je ne me perde, et qu'au lieu de devenir une humble chrétienne mon amour-propre ne me rende véritablement qu'une philosophe mondaine, plus remplie de maximes d'Aristote ou de Descartes que de la science de la Croix ».

La duchesse a toujours des ennuis de santé, qu'elle confie à son grand ami Bellefonds : « J'ai été si mal depuis Noël de ces importunes vapeurs... que je n'étais pas en état d'écrire. J'avais l'esprit si troublé et le corps si abattu que j'étais honteuse de moi, et me voulais mal de me trouver capable d'être réduite en cette extrémité par les chagrins que le monde me causait... Mes affaires n'avancent point... »

Colbert s'occupe des dettes criardes de la duchesse, incapable de mettre un frein à sa générosité. Le ministre l'aide de son mieux, mais où trouver 150 000 livres ? Son château de Vaujours, appartenant à son fils, le comte de Vermandois, ne peut être vendu. Par moments, Louise se sent découragée, en quelque sorte paralysée à l'idée de s'adresser directement à Louis XIV, parfaitement au courant de tout ce qui la concerne, mais qui garde le silence. Un silence intimidant, même pour Bossuet. Louis XIV n'a plus besoin de « paravent », certes, mais c'est un homme d'habitude. Il n'aime guère les changements, tout ce qui risque de troubler sa vie parfaitement réglée. Ne disait-on pas que n'importe où en France, on pouvait savoir ce que faisait le roi à la minute près ? Bon père, il aimerait voir Louise rester à la cour et s'occuper de ses enfants. D'ailleurs, il fait connaître à la duchesse son désir que Mlle de Blois fasse ses débuts dans le monde, c'est-à-dire à la cour.

En vue de son premier bal, la princesse de sept ans et demi répète ses pas de danse chez Mme Colbert où Mme de Sévigné l'aperçoit : « C'était un prodige d'agrément et de bonne grâce, écrit-elle à sa fille. Desairs (le maître à danser) dit qu'il n'y avait qu'elle qui la fasse souvenir de vous ; il me prenait pour juge de sa danse ; et c'était proprement mon admiration que l'on voulait ; elle l'eut en vérité tout entière. La duchesse de La Vallière y était ; elle appelait sa fille "Mademoiselle" et la princesse l'appelait "belle maman", et M. de Vermandois y était aussi. »

Louise ne peut s'empêcher d'admirer ses enfants et d'en être fière. Quelle mère ne l'aurait pas été ? Mère, elle n'a pu l'être, toute à sa passion amoureuse. Rien n'indique qu'elle l'ait vraiment regretté.

Le 12 janvier 1674, Marie-Anne, « belle comme un ange », vêtue de velours noir, mettant en valeur son teint nacré et ses cheveux blonds, parée d'une multitude de diamants, avec un tablier et une bavette, fait son apparition officielle, tenue par la main par le jeune prince de la Roche-sur-Yon. Tous deux sont à ravir. Ils se mettent à danser et La Fontaine présent, ébloui par la grâce de Mlle de Blois, écrira :

L'herbe l'aurait portée ; une fleur n'aurait pas
Reçu l'empreinte de ses pas.

« Mademoiselle de Blois est un chef-d'œuvre, s'extasie Mme de Sévigné : le roi et tout le monde en est ravi ; elle vint au milieu du bal dire à Mme de Richelieu : "Madame, ne sauriez-vous me dire si le roi est content de moi ?" Elle passa près de Mme de Montespan et lui dit : "Madame, vous ne regardez pas aujourd'hui vos amies ?" Enfin, avec de petites chosettes sorties de sa belle bouche, elle enchante par son esprit, sans qu'on croit qu'on en puisse en avoir davantage. »

Bellefonds, qui a entendu parler du succès remporté par la jeune princesse, se demande si cet événement en miniature ne va pas changer les projets de Louise. Celle-ci le rassure : « Je n'ai plus qu'un pas à faire, rien ne m'attache. Pour de la sensibilité, j'en ai, et l'on a eu raison de vous dire que Mademoiselle de Blois m'en a donné. Je vous avoue que j'ai eu de la joie de la voir, jolie comme elle était, mais en même temps, j'en avais des scrupules... Je l'aime, mais elle ne me retiendra pas un seul moment, et même je la quitte sans peine. »

Et, le 8 février, elle écrit encore à son ami : « Je vois que vous craignez pour moi et vous avez raison. Je suis la faiblesse même, et malgré les grâces que Dieu me fait (qui sont infinies), je suis encore ici. Cependant, je travaille à sortir du péril... » Elle avoue : « C'est peut-être trop nonchalamment ; mais je vous assure que c'est de bonne foi et avec le dessein que ce soit promptement. J'arrive tout à l'heure des carmélites, on y prie pour vous et pour moi. » Elle ajoute, et c'est presque un appel « au secours » : « Aidez-moi, je vous prie, à exécuter la volonté de Dieu ; grondez, menacez, écrivez des lettres de rudesse et de dureté. »

Cela peut nous paraître surprenant cette crainte de parler au roi qui semble être au-dessus de ses forces.

Que Louis XIV, maintenant qu'il n'est plus son amant, lui paraisse des plus intimidants, nous dépasse un peu. Certes, le roi ne fait rien pour lui faciliter la tâche. Dans les lettres de Louise à Bellefonds, elle répète : « Il faut que je parle au roi, et voilà toute ma peine ; priez Dieu pour moi qu'Il me donne la force qu'il faut pour cela. De me retirer et de me faire religieuse ne me coûte rien, et de parler me coûte infiniment. » Elle dira encore : « Voilà mon supplice ! »

On peut se demander si, au plus profond d'elle-même, elle ne redoute pas – ou souhaite ? – un geste de Louis vers elle ? Ne se dit-elle pas qu'alors elle retomberait sous sa coupe, dans ses bras, après avoir subi tant de mortifications et tant prié ? Elle évoque sans cesse sa faiblesse. C'est un mot qui revient constamment dans sa correspondance.

« Je suis au désespoir de me voir si peu avancée, et vous ne sauriez me faire plus de honte que je ne m'en fais moi-même ; je suis cependant plus affermie que jamais, et quand on me donnerait toutes les grandeurs du monde, je ne changerais pas l'envie seule d'être carmélite contre leur possession. Il faut que je parle au roi. » Cette phrase revient dans ses lettres comme un leitmotiv.

Elle est fort reconnaissante à Mgr Le Camus, cardinal de Grenoble, de la morigéner : « Je suis très obligée à M. de Grenoble de me parler comme il le fait, écrit-elle à Bellefonds, le 19 mars. Vous savez que la dureté ne me déplaît pas et qu'elle ne m'a jamais fait peur, malgré la faiblesse de mon tempérament. »

Bossuet lui a bien assuré qu'elle ferait la volonté de Dieu « plus tôt » qu'elle ne le croyait, mais cette prédiction datait déjà du mois de novembre de l'année précédente...

– J'avance, dit-elle, je me donne du courage et je crois que Dieu achèvera son ouvrage dans peu. Cependant, je crains et tant que je serai en danger je craindrai. Je connais ma faiblesse et tant de meilleurs esprits sont tombés de plus haut que cela me fait trembler.

Quel est donc ce danger qui la menace et qu'elle redoute si fort ? La menace que présente le roi pour son âme ?

– Il faut que j'aie la mortification d'importuner le Maître et vous savez ce que c'est pour moi.

Elle connaît, mieux que personne, l'extrême séduction de Louis, mais elle n'a plus rien à redouter de lui : il n'a plus besoin d'elle et son amour pour elle n'est plus qu'un doux souvenir.

Elle supplie ses amis de la soutenir – par la prière, par la pensée – en avouant : « Je ne tiens qu'à un fil, aidez-moi à le rompre... Vous ne devez pas vous rebuter de ma faiblesse. Il est vrai que j'en ai plus que personne. »

« EN ME DONNANT A DIEU... »

A Saint-Germain, en pleine période de carnaval, il y a bal et comédie quotidiennement. La gaieté règne, et le moment ne semble guère propice pour parler de couvent. Cependant, Colbert, bien au fait des embarras pécuniaires de la duchesse de La Vallière, en a parlé au roi qui a autorisé le jeune comte de Vermandois, âgé alors de six années, d'avancer 150 000 livres à sa mère. « Il me semble, commente Bossuet le 3 mars, que sans qu'elle fasse aucun mouvement ses affaires avancent. Dieu ne la quitte point et sans violence Il rompt ses liens. »

Louise rédige son testament. Sa mère, veuve pour la troisième fois, recevra une pension de 2 000 écus sa vie durant. A Catherine, sa demi-sœur, mariée à Germain de Lublé, baron de Malicorne, et peu fortuné, Louise fait un legs de 2 000 livres. Plusieurs de ses amies reçoivent un bijou, une bague ou un bracelet. Ses pierreries seront réunies et confiées au roi afin qu'il les partage équitablement entre son fils et sa fille. Rien de plus normal, puisque c'était Sa Majesté Louis XIV qui lui avait offert la plupart de ces joyaux et, indirectement ceux qu'elle avait personnellement acquis, puisque l'argent dont elle disposait venait du roi.

Les serviteurs de Louise ont droit à 100 livres chacun, et Mlle d'Eu de La Fresnay, religieuse à l'abbaye de Poissy, reçoit 6 000 livres. Louise obtient qu'une rente de 7 000 livres soit versée au petit hôpital de Lublé, près de Château-la-Vallière, qu'elle a fondé le 15 mars 1674. Cet hôtel-Dieu a pour but de prendre en charge les enfants pauvres et les vieillards nécessiteux du duché de Vaujours. Louise confie l'établissement aux bons soins des Filles de la Charité de saint Vincent de Paul.

Le père Louis Bourdaloue, de la Compagnie de Jésus, a été sollicité pour prêcher le carême devant toute la cour et Leurs Majestés, le roi et la reine. Louise, placée au premier rang, est bouleversée, transportée par la belle voix grave et mélodieuse du prédicateur : « Il nous a prêché une Passion merveilleuse et propre à toucher les plus endurcis ! » Et son cœur ne l'est pas ! Elle peut échanger quelques mots avec le prêtre : « Il me plaît fort, avoue-t-elle, et il est tellement pénétré des vérités qu'il prêche, que cela fait plaisir. » Elle s'empresse d'écrire à son grand ami : « Nous avons le père Bourdaloue qui fait des sermons admirables, je tâche d'en profiter ; mais comme je ne suis qu'une misérable pleine de défauts et de faiblesses, je ne sais pas en tirer l'avantage que je pourrais. »

Si humble...

Avant de quitter ses enfants pour toujours, Louise souhaite leur laisser un souvenir qui leur soit commun. Elle demande alors à Pierre Mignard de la peindre en compagnie de Mlle de Blois et du comte de Vermandois. L'artiste a réalisé une œuvre harmonieuse et particulièrement riche en symboles. Marie-Anne se tient debout, à la gauche du tableau, à la droite de sa mère. Sa main gauche tient un vase de fleurs et sa main droite désigne des pétales de roses tombés sur la table recouverte d'un tapis rouge. On peut voir là le signe du temps passé. Le comte de Vermandois, assis aux pieds de sa mère, le plus jeune amiral de France, tient un compas posé sur une carte marine. Louise porte une robe de cour en soie blanche doublée de rose. Le décolleté est légèrement souligné d'un étroit galon or. Des manches bouffantes et drapées s'arrêtent au coude. A son corsage, une broche qui nous paraît être un gros rubis carré entouré d'une dentelle en or, d'où pend une grosse perle en poire, identique à celles des boucles d'oreilles. Une sorte de châle, de teinte foncée, qui semble être en soie épaisse, est jeté négligemment sur son épaule droite et retombe sur la robe à la hauteur des hanches.

De son visage grave, mais non triste, émane une grande douceur. Une boucle de cheveux – une anglaise – vient caresser son épaule droite. Du même côté, son coude s'appuie sur la table et sa main dressée tient une rose qui s'effeuille. Les pétales gisent à côté de deux livres aux titres révélateurs : l'*Imitation de Jésus-Christ*, et la *Règle* de sainte Thérèse d'Avila. Aux pieds de Louise un globe terrestre, une guitare, un masque, une cassette dans laquelle on aperçoit un collier de perles, une bourse ouverte où luisent des écus, un jeu de cartes, dont l'as de cœur est bien visible. Le message est net : Louise de La Vallière foule désormais au pied ce qui avait nourri sa vie frivole. Enfin, à la base de la colonne placée derrière elle, cette inscription : *Sic transit gloria mundi.* « Ainsi passe la gloire du monde. »

Par ce tableau, et grâce au talent de Mignard, Louise nous relate sa vie depuis son printemps : la rose symbolisant les années écoulées jusqu'à l'inscription latine.

Peut-être est-ce grâce aux sermons de Bourdaloue que Louise se décide enfin à solliciter une audience au roi. Nul n'en est témoin. On ignorera toujours les paroles échangées, Louis ne s'oppose pas au départ de son ex-bien-aimée. Il lui demande seulement de le faire coïncider avec celui de la cour qui doit se déplacer en Bourgogne fin avril. Le roi ne tient sûrement pas à ce que cet éloignement de Louise suscite commérages et bavardages sans fin.

Après le portrait physique de Louise par Mignard, il est intéressant de lire le portrait moral qu'en fait Bossuet en ce début du mois d'avril : « Toute la cour est édifiée et étonnée de sa tranquillité et de sa joie, qui s'augmente à mesure que le temps approche. En vérité, ses sentiments sont quelque chose de si divin que je ne puis y penser sans être en de continuelles actions de grâces, et la marque du doigt de Dieu c'est la force et l'humilité qui accompagnent toutes ses pensées... Elle ne respire plus que la pénitence, sans être effrayée de l'austérité de la vie qu'elle est prête d'embrasser. Cela me ravit et me confond... Je parle et elle fait ; j'ai les discours, elle a les œuvres... »

Bossuet est un modeste, et Louise n'ignore pas tout ce qu'elle lui doit.

« Enfin je quitte le monde ! écrit-elle avec soulagement à son ami le maréchal. C'est sans regret, mais ce n'est pas sans peine ; ma faiblesse m'y a retenue longtemps sans goût, ou, pour parler plus juste, avec mille chagrins... Tout le monde part à la fin d'avril, et moi je pars aussi, mais c'est pour aller dans le plus sûr chemin du ciel. Dieu veuille que j'y avance pour obtenir le pardon de mes péchés ! Je me trouve dans des dispositions si douces et si résolues, et même si dures (tout cela paraît opposé, mais cependant je sens tout cela en moi), que les personnes, à qui je me montre entièrement, admirent de plus en plus l'extrême miséricorde de Dieu en mon endroit. »

Le 18 avril, Louise de La Vallière commence ses visites d'adieu. Bien entendu, c'est le roi qui doit être salué en premier. N'en doutons pas, son cœur bat très fort à la pensée de se retrouver pour la dernière fois en présence de celui qu'elle a si passionnément aimé. Louis versa quelques larmes. Mais pleure-t-il sur son ex-bien-aimée, ou sur sa propre jeunesse enfuie ? Ne doit-il pas porter une perruque depuis l'année précédente ? Des cheveux blancs sont-ils apparus qu'il veut dissimuler, ou bien s'agit-il d'une calvitie précoce ? Ou encore une prolifération de poux ? L'énigme demeure !

Quand Louise a exprimé le désir de demander pardon publiquement à Marie-Thérèse, la maréchale de La Mothe-Houdancourt a protesté vigoureusement : si la duchesse tient à faire des excuses, il n'y a pas d'inconvénient à cela, mais pas en public, ce serait de l'inconvenance !

– Comme mes crimes ont été publics, a répliqué Louise, il faut que la pénitence le soit aussi.

« Crimes », quel grand mot !

Il est vrai qu'il y a des années que Marie-Thérèse a compris que ce n'était pas Louise la coupable... La reine la considère même comme une amie. La duchesse s'est donc jetée aux genoux de la souveraine qui l'a relevée et embrassée sur le front :

– Vous savez bien que je vous ai pardonné depuis longtemps.

Tous ont été frappés par la grandeur et la noblesse de la scène. « La pauvre personne, écrit Mme de Sévigné, a tiré jusqu'à la lie de tout, elle n'a pas voulu perdre ni un adieu ni une larme. » Quant à M. de Montausier, il glisse à Louise :

– Madame, voici le plus grand exemple d'édification qu'on puisse donner au monde, et je m'étonne qu'une dame d'un esprit si élevé ait tant tardé à prendre cette sainte résolution.

Mme de Montespan, à la fois agacée par la duchesse qui polarise tout l'intérêt, toutes les conversations, et d'autre part soulagée à la pensée qu'elle va être enfin débarrassée de celle qui pourtant n'était plus sa rivale dans le cœur et surtout dans le lit du roi, l'invite à souper une dernière fois. Ce n'est peut-être pas une soirée des plus gaies, car la Grande Mademoiselle note : « Je pleurais comme les autres. »

Seule, Louise ne répand pas de larmes. Comme Mme Scarron lui faisait penser aux peines qui l'attendaient aussi derrière la porte du couvent, Louise se contente de sourire doucement en répliquant :

– Quand j'aurai de la peine aux Carmélites, je me souviendrai de ce que ces gens-là m'ont fait souffrir.

Certains historiens ont pensé que « ces gens-là » désignaient Louis et Athénaïs. Rien n'est moins certain. La phrase peut également englober l'ensemble de la cour, car il nous semble peu probable que Louise, si respectueuse de la Majesté royale, ait pu parler du roi d'une façon aussi cavalière.

Le 19 avril, Louis XIV part pour la Franche-Comté. Selon la volonté royale, le départ des deux anciens amants coïncide. Louise s'est levée à l'aube. Elle se prépare, sereine, à assister à la messe du roi, dans la chapelle de Versailles où partout l'or étincelle. Elle sait que bien des regards épieront ses moindres gestes. Elle est vêtue d'une façon somptueuse, et jamais elle n'a été aussi jolie. Toute trace de tristesse et d'inquiétude s'est effacée de son visage. Vraiment elle resplendit.

A la sortie de la chapelle, cette chapelle dont les dorures, les chérubins, les angelots font davantage penser à un décor de théâtre qu'à un lieu de culte, tous remarquent que le roi a les yeux rouges. La duchesse de La Vallière s'incline profondément devant celui qui a cessé d'être son maître. Elle monte ensuite dans son carrosse orné de ses armes : Ecu coupé de gueules et d'or au lion léopardé coupé d'argent et de sable, en support deux lévriers d'argent accolés de gueules et cloués d'or. Elle n'en aura plus besoin désormais. Mlle de Blois et le comte de Vermandois l'accompagnent. Sa mère, son frère et sa belle-sœur Gabrielle suivent dans une autre voiture.

Le temps est radieux. Louise n'a pas un regard pour ce château de Versailles qu'elle a vu construire et se transformer petit à petit en un palais prestigieux. Elle s'éloigne à jamais de ces lieux qui ont vu s'épanouir son amour et qu'elle aimait parce que le roi en était fier. Elle y a été heureuse, pleinement, et elle y a souffert profondément. Versailles ne parlait pas à l'âme. C'était le triomphe du matérialisme.

A la grille du château, des hommes se découvrent et la saluent. Dans le carrosse, les enfants babillent. Le trajet paraît court jusqu'à la rue Saint-Jacques. Là aussi des badauds se sont groupés devant le Carmel pour apercevoir une dernière fois la favorite repentante. La foule est discrète, respectueuse. Le carrosse de Louise franchit le portail d'entrée que l'on peut toujours voir de nos jours au numéro 284.

Les deux voitures s'engagent sous la voûte, longent le mur de l'église, s'arrêtent dans la cour contiguë à la maison des sœurs tourières. Louise descend avec légèreté de son carrosse, et embrasse sa mère, son frère, sa belle-sœur puis, suivie de ses enfants, elle passe la porte qui vient de s'ouvrir devant elle. Louise s'incline devant la sœur tourière et va s'agenouiller devant la prieure, la révérende Mère Claire du Saint Sacrement qui accueille sa nouvelle « fille ».

- Ma mère, murmure Louise de La Vallière, j'ai fait de ma vie un si mauvais usage de ma volonté. Je viens la remettre entre vos mains pour ne plus la reprendre.

La prieure la relève doucement et, posant son voile noir sur la tête de Louise, lui déclare avec gravité :

– Entrez, ma fille. Vous vous appellerez désormais Louise de la Miséricorde.

Puis, toutes deux se dirigent vers la chapelle et s'agenouillent devant l'autel pour rendre grâces au Seigneur de lui avoir permis de parvenir au port.

Toutes les sœurs, ayant « licence » de parler en cette occasion, font fête à leur nouvelle compagne. En dépit de leur renoncement au monde, ces jeunes filles ou femmes éprouvent un brin de curiosité de voir parmi elles un personnage aussi célèbre que la duchesse de La Vallière.

– Etes-vous gaie ? lui demande-t-on. Une seule religieuse mélancolique peut troubler tout un couvent.

Louise les rassure. On lui demande alors, selon la coutume, de chanter une chanson. Fut-ce une ronde, un couplet de Benserade ou un cantique ? Malheureusement, nous n'en savons rien. Encore revêtue de sa toilette de cour, elle s'est assise par terre entourée des carmélites, dont les visages souriants et amicaux la changent de bien des minauderies et des expressions ironiques. Louise n'a pas une pensée pour son tabouret de duchesse.

Après la chanson – applaudie, n'en doutons pas –, une toute jeune sœur, celle que l'on appelle l'Ange, chargée de faire visiter le couvent à la nouvelle venue, conduit Louise le long de corridors blancs agrémentés de sentences qui rappellent que Dieu parle dans le silence et la solitude. Voici la salle du chapitre – qui sera un jour ornée du portrait de Mme de La Vallière –, voici le noviciat dont elle va faire partie, voici les oratoires, la galerie décorée de nombreux tableaux, l'allée de la Reine, la roberie, le chauffoir, les parloirs. L'Ange lui ouvre enfin la porte de la petite cellule toute blanche, sa chambre, où elle va vivre désormais. Au lieu de son grand lit moelleux, entouré de courtines, ses draps fins, ses oreillers bordés de dentelle, se présente une couche étroite et dure. Au mur est accrochée une simple croix noire d'où le Christ est absent. Une cruche d'eau, une planchette pour poser les ouvrages pieux complètent ce mobilier rudimentaire. « Chacun demeurera dans sa cellule méditant jour et nuit la loi du Seigneur, prescrit la règle, et veillant dans la prière, à moins qu'il ne soit légitimement occupé à autre chose. »

Sans plus attendre, Louise demande qu'on veuille bien lui couper les cheveux. Sa belle chevelure aux reflets argentés que Louis aimait caresser, des cheveux fins comme de la soie. Elle doit cependant conserver deux boucles qui seront sacrifiées définitivement lors de sa prise d'habit. Désormais, le petit bonnet noir des postulantes dissimulera son crâne rasé.

Le soir, Louise assiste pour la première fois à l'office des religieuses. Elle confiera aux sœurs un peu plus tard :

– Ce jour du 19 avril, je n'ai ressenti que de la joie.

Grâce à une faveur particulière et surtout parce que la Mère n'ignore pas toutes les austérités de Louise depuis bien des mois, elle est autorisée à endosser le costume avant la vêture. Il s'agit d'une longue et large robe de bure brune, enfilée sur une chemise de serge grossière, et retenue à la taille par une ceinture de cuir. Un chapelet pend sur le côté gauche, les mains se dissimulent dans les manches et sous l'ample scapulaire de même matière et de même teinte que la robe. Elle porte un voile blanc sur une guimpe. De grosses sandales de corde dans lesquelles les pieds sont nus remplacent les fins souliers en satin ou en lamé, brodés de perles dont les talons hauts la grandissaient.

Dans *La Gazette* du 20 avril, on annonce : « Hier le roy avec lequel estoyent la reyne et Monseigneur le dauphin, après avoir suivi la messe en la chapelle de ce Chasteau, partit pour se rendre dans le comté de Bourgogne. » Deux lignes plus bas, on lit que la duchesse de La Vallière a fait son entrée chez les Carmélites.

« Il y a deux jours que je suis ici, écrit Louise au maréchal de Bellefonds, mais si satisfaite et si tranquille que je suis en admiration des bontés de Dieu. Pour moi, mes liens sont rompus par Sa grâce, et je vais travailler à Lui rendre toute ma vie agréable si je puis, pour Lui marquer ma reconnaissance. Je n'entrerai dans aucun détail aujourd'hui ; il vous suffira de me savoir en sûreté. »

VII

CARMÉLITE

Le couvent du Carmel qui, désormais, abritait Louise de La Vallière, s'élevait sur l'emplacement de l'ancien prieuré bénédictin de Notre-Dame-des-Champs. Il était environné de couvents renommés : la Chartreuse, Port-Royal, le Val-de-Grâce, les Bénédictins anglais, les Ursulines, les Feuillantines que Victor Hugo rendra à jamais célèbres, les Visitandines, les Oratoriens. Le Carmel avait été érigé en 1604, sous les auspices de la reine Marie de Médicis. Il avait eu pour fondatrices vingt-deux carmélites espagnoles, dont deux avaient été formées par sainte Thérèse d'Avila en personne. Les pauvres sœurs, venant en France, étaient persuadées qu'elles allaient subir le martyre, car le souvenir de la Ligue était encore vivace. Le cardinal de Bérulle, en se portant à leur rencontre, le 15 octobre 1604, les rassura quelque peu. Trois ans plus tard, sept Françaises prennent l'habit de l'ordre. Elles furent encadrées par trois saints prêtres avec le soutien de saint François de Sales. Mme Acarie, qui avait œuvré pour répandre en France les écrits de sainte Thérèse d'Avila, une fois veuve, vint grossir leurs rangs et deviendra Mère Marie de l'Incarnation, plus tard béatifiée.

Les bâtiments du Carmel se trouvaient bordés d'un jardin – un parc plutôt – de plusieurs hectares qui occupaient l'espace compris de nos jours entre le Val-de-Grâce et le boulevard de Port-Royal. Des massifs de fleurs, cultivées avec amour pour orner les autels, embaumaient l'air alentour. Il y avait aussi quantité de plants de légumes, puisque les carmélites s'en nourrissaient presque en exclusivité, des vignes, des arbres fruitiers, des tilleuls aux effluves sucrés. Entourés de hauts murs, nulle rumeur de la ville n'y parvenait. Seul le chant des colonies d'oiseaux réjouissait l'oreille, ou le tintement de la cloche annonçant les offices. Les carmélites y venaient méditer, mais aussi coudre et jardiner.

On a attribué à Louise de La Vallière la construction de l'un des quatre principaux oratoires, celui qui porte le nom de Notre-Dame de Lorette. Or, cet oratoire avait été érigé sous le règne de Louis XIII, alors que Louise n'était pas encore née !

Bien des légendes vont courir sur elle, plus exagérées les unes que les autres. Nous y reviendrons.

« C'est une grande maison, écrit Mademoiselle de Montpensier dans ses *Mémoires*, un bon air, une nombreuse communauté remplie de filles de qualité et d'esprit, qui ont quitté le monde qu'elles connaissaient et qu'elles méprisaient, et c'est ce qui fait de bonnes religieuses. »

En effet, la plupart des carmélites, dont Louise va partager la vie, appartiennent à la plus haute noblesse. Il faut citer Anne d'Epernon, qui a préféré le voile à la couronne de Pologne, Emilie et Hippolyte de la Tour d'Auvergne de Bouillon, Jacqueline d'Arpajon de Crussol d'Uzès, deux Bellefonds, petites-nièces de la prieure, Marie-Hippolyte de Béthune-Charost, Mlles de Maulévrier et de La Rochefoucauld. En plus de ces nobles Françaises, Mme de Stuart, descendante du dernier roi d'Écosse.

Si Louise retrouvait au Carmel des personnes de la cour, l'ambiance en était bien différente. Voici comment Louise de la Miséricorde va désormais passer ses journées :

A cinq heures du matin en été, à six en hiver, le réveil suivi d'une heure de prière et du récit des Petites Heures. A huit heures en été, neuf en hiver, messe chantée de communauté. A dix ou onze heures, selon la saison, le déjeuner prolongé par la récréation ; à deux heures, les vêpres chantées et oraisons ou lecture jusqu'à trois heures ; de cinq à six, une heure de prière et collation à six heures ou souper, puis à nouveau la récréation avant le récit des Complies, dernière heure de l'office divin. A neuf heures, toutes se retrouvent au chœur pour les matines et les laudes. Le coucher est précédé de l'examen de conscience et la préparation à l'oraison du lendemain a lieu à onze heures.

Dans l'intervalle de ces exercices spirituels, les sœurs, qui n'occupent pas de charge, se retirent dans leur cellule ou se livrent à des travaux manuels. Les carmélites espagnoles aiment à filer, les Françaises préfèrent s'adonner à la couture, la broderie, la confection du linge d'autel et les ornements d'église. Louise, qui n'a jamais dû manier un balai de sa vie, ni laver le plus petit mouchoir, aide les sœurs converses dans les gros travaux de la maison par esprit de mortification.

Sainte Thérèse d'Avila ayant horreur des « saintes

renfrognées », proscrivait la mélancolie qu'elle considérait comme une véritable maladie. Elle voulait que la récréation soit prise en commun et que les rires y fusent joyeusement. « Il ne faut point apporter à la récréation une gravité gênante et trop sérieuse. » Il était interdit d'y parler de sa famille, ni de rien susceptible de nuire ou de blesser.

Dès le premier jour, Louise se plie avec simplicité à la règle et aux usages sans tolérer aucune dérogation. Un jour qu'elle portait une hotte chargée de linge, elle croise la reine Marie-Thérèse, qui a le privilège de pénétrer dans la clôture quand elle le désire. Louise s'incline avec déférence puis poursuit son chemin sans s'arrêter.

Nombreux cependant sont ceux qui ne croient guère à la vraie vocation, à la sincérité absolue de la duchesse de La Vallière. C'est pour cette raison que les visites sont fréquentes, davantage par curiosité que par amitié pure. C'est pour Louise une véritable épreuve. Dès qu'elle s'entend demander au parloir, elle va s'agenouiller devant le Saint Sacrement et, le front à terre, supplie le Seigneur de la garder, de l'empêcher de rien dire qui pût L'offenser. Ensuite, seulement, elle affronte la visite, lance un *Deo gratias* d'une voix ferme et enjouée, « ce son de voix qui allait au cœur », et, s'approchant de la grille aux pointes de fer, voilée de noir, elle répond à ce qu'on lui demande, affable, affectueuse, pleine de charme. Les visiteurs partis, Louise retourne aussitôt se prosterner afin de remercier Dieu de l'avoir protégée de toutes mauvaises pensées.

Elle fait l'étonnement des sœurs par sa régularité, sa douceur, son calme, la facilité avec laquelle elle se plie à la règle dans ses moindres détails. Et puis, et surtout, à son esprit de pénitence. « On la retrouvait souvent en des lieux retirés, raconte la sœur

Magdeleine du Saint-Esprit, prosternée contre terre, le visage tout baigné de larmes. » Il y avait en elle une humilité absolue. Elle souhaitait même devenir sœur converse car elle se jugeait indigne de chanter les louanges du Très-Haut avec le chœur.

Sœur Louise apprend aussi à respecter le silence, ce silence du cloître à nul autre pareil. Il lui faut éviter le moindre bruit de porte ou de pas. La maîtresse des novices leur répète qu'il faut voir une carmélite avant de l'avoir entendue. Les sœurs d'ailleurs ne semblent pas marcher mais glisser. Louise adopte la règle dans toute sa rigueur, sans accepter jamais aucun adoucissement pour s'y habituer progressivement. Le vêtement lourd à porter, les jeûnes perpétuels, la couche si dure, les pénitences sont le pain quotidien des carmélites, et pour elle, une douleur physique compte peu. Elle subit sans se plaindre le port des sandales de corde – les alpargates – qui accentue sa claudication. Ses migraines, si pénibles à la cour, persistent, mais elle se fait un devoir de les endurer sans mot dire. La Supérieure, qui en a été informée, s'inquiète pour sa nouvelle fille de l'assujettissement de tenir toujours les yeux baissés :

– Cela ne vous fatigue-t-il pas, mon enfant ?

– Oh ! non, ma mère, cela me repose. Je suis si lasse de voir les choses de la terre.

Seule dérogation à la règle : au lieu d'être dans l'obligation d'attendre de trois à six mois sa prise d'habit officielle, le temps de postulat de Louise est considérablement réduit. On l'autorise même à en choisir la date. Ce choix se fixera sur le 2 juin, troisième dimanche après la Pentecôte, car l'Evangile du jour parle de la brebis égarée.

Ce jour-là, à onze heures du matin, Louise laisse tomber à ses pieds la robe de bure, le linge grossier, dénoue ses sandales et revêt la robe de brocart violet, toute bruissante de soie, celle qu'elle portait quarante-cinq jours auparavant. Elle enfile ses bas brodés et se juche sur ses fins escarpins à talons hauts. Une foule d'amis, de curieux, se presse dans la chapelle, avide de voir se dérouler le dernier acte d'une histoire d'amour dont ils ont tant parlé. Nul doute que si le roi ne s'était pas trouvé en Franche-Comté, l'affluence eût été encore plus dense.

On peut se demander si ce n'est pas en raison de cette absence que Louise a choisi cette date, caressant peut-être l'espoir secret qu'il ne vînt personne. Mais elle s'est lourdement trompée. Au premier rang, Madame, duchesse d'Orléans, accompagnée de sa belle-fille, Mademoiselle d'Orléans, les duchesses de Longueville, de Bouillon, de Mecklembourg, Mmes de Guise et de Caylus, Mlle de Scudéry. Toutes contemplent la beauté rayonnante de Louise en ce jour. Son visage est comme illuminé de l'intérieur. Son frère, le marquis de La Vallière, le seul homme de la famille, la conduit à l'autel. Tous deux sont suivis par leur mère, leurs demi-sœurs, la marquise de La Vallière, et d'autres parents plus ou moins éloignés.

Louise monte seule les marches du chœur et s'agenouille sur un prie-Dieu préparé devant la grille voilée de noir.

Contrastant avec les cellules dénudées, la chapelle des Grandes Carmélites est l'une des plus richement ornées de la capitale. Les fresques ont été peintes par Philippe de Champaigne. Les toiles, signées par Le Guide, La Hire, Stella, et Lebrun, auteur de la *Madeleine*, décorent les murs. Le tabernacle est tout environné de bas-reliefs en argent ciselé.

Le clergé, en ce jour, se compose de l'archevêque de Paris, Mgr Harlay de Champvallon, de l'évêque d'Aire, Mgr de Fromentières. Tous gagnent le chœur. Louise, à qui l'on a remis un cierge, s'avance vers la clôture où elle est accueillie par des religieuses séparées en deux groupes. La postulante s'agenouille dans un bruissement de soie. Sa robe somptueuse s'étale autour d'elle. On lui présente un crucifix qu'elle baise dévotement, tandis que s'élève l'hymne *O gloriosa virginum*. Alors, Louise se relève et gagne le chœur avec les religieuses et se met de nouveau à genoux près de la grande grille. Le supérieur du Carmel, M. Ferret, curé de Saint-Nicolas-du-Chardonnet, entame l'interrogatoire prescrit dans le *Manuel de l'Ordre* :

– Que demandez-vous ?

– La miséricorde de Dieu, la pauvreté de l'Ordre et la compagnie des sœurs, répond Louise d'une voix claire et assurée.

– Venez-vous de votre bon gré et franche volonté pour recevoir l'habit de cette religion ?

Les questions vont se suivre auxquelles Louise répond toujours avec fermeté.

– N'avez-vous point fait promesse de mariage qui vous oblige ?

– N'avez-vous point été de quelque autre ordre ?

– N'avez-vous point de dettes surmontant vos facultés ?

– Avez-vous volonté de persévérer jusques à la fin de votre vie en cette religion ?

Enfin, vient la dernière question qui résume toutes les précédentes :

– Voulez-vous donc entrer dans cette religion pour le seul amour et crainte de Notre-Seigneur ?

– Oui, avec la grâce de Dieu et les prières de mes sœurs.

Ce « oui », c'est celui de la fiancée qui se donne totalement et avec bonheur à l'époux.

La messe commence. L'abbé Pirot, supérieur du Carmel, officie. L'Introït semble une supplication personnelle de Louise : « Voyez mon humiliation et ma peine et pardonnez-moi tous mes péchés », puis la joie du retour vers le bercail éclate au moment de la communion : « Je vous le déclare, il y a une grande joie parmi les anges de Dieu pour un pécheur qui fait pénitence. »

Au moment de l'Evangile, les yeux de Louise étincellent de larmes, larmes bienheureuses de l'âme que le cœur ne peut revendiquer.

– Qui d'entre vous s'il a cent brebis et s'il en perd une, ne laissera pas les quatre-vingt-dix-neuf autres pour courir après celle qui est perdue, jusqu'à ce qu'il la retrouve ? Et lorsqu'il l'a retrouvée, il la met, plein de joie, sur ses épaules, et de retour chez lui, il réunit ses amis et voisins et leur dit : « Réjouissez-vous avec moi parce que j'ai retrouvé ma brebis qui était perdue. »

Toute l'assistance, debout pour entendre l'Evangile, a les regards tournés vers Louise qui paraît ne plus faire partie de ce monde.

Voici maintenant l'instant tant attendu du sermon. Louise a demandé à Bossuet de bien vouloir venir le prononcer. Ne la connaissait-il pas mieux que personne ? Hélas ! ses fonctions de précepteur du dauphin l'ont contraint à suivre la cour dans ses déplacements. Sollicité à son tour, Bourdaloue, grand ami du Carmel – on se souvient qu'il avait prêché le carême à Versailles, cette même année, et que la duchesse en avait été bouleversée –, n'a pas eu non plus la possibilité de venir. C'est donc à Mgr Jean-Louis de Fromentières, allié des La Vallière, qu'échoit le redoutable honneur de faire oublier les deux plus grands prédicateurs de l'époque.

Mgr d'Aire commente d'abord les paroles liturgiques que l'on vient d'écouter :

– Non, non, ce n'est pas sans quelque secret de la Providence qu'un Evangile si admirable concourt à cette cérémonie... Ah ! qui peut se conserver vivant dans un séjour où, comme dit saint Ambroise, la mort entre par tous les sens jusque dans les substances de l'âme !... Ne croyez pas, poursuit le prédicateur en se tournant vers la nouvelle carmélite, que cette douceur que vous goûtez ne puisse être altérée. Les peines, je dois vous y préparer, pourront succéder aux douceurs. La montagne du Carmel a grande affinité avec celle du Calvaire, on trouve sur l'une et sur l'autre des épines et des croix ; de sorte que cette âme généreuse, demandant aujourd'hui à vivre dans cet Ordre, peut dire avec l'Ecriture qu'elle soupire pour une espèce de mort qui, commençant dès ce jour, durera autant que sa vie.

Puis, le prédicateur se tourne à nouveau vers l'auditoire :

– Demandez-lui ce qu'elle pense effectivement de la profession qu'elle embrasse. Jamais, de son aveu même, rien ne lui parut si doux ; jamais pratiques si faciles, jamais exercices si agréables. C'est tout vous dire, mes frères, que la seule peine qui l'afflige aujourd'hui, c'est de ne pas trouver en cet Ordre, tout austère qu'il soit, la pénitence qu'elle y cherche.

Montrant d'un geste large la grille obscure devant laquelle Louise est assise, il apostrophe ces mondains venus satisfaire une mesquine curiosité :

– Quelque satisfaction que vous paraissiez avoir en cette vie, vous êtes des misérables, et quelque souffrance que vous remarquiez dans leur profession, elles sont les plus heureuses. La grâce élève aujourd'hui cette âme comme un exemple à tout son siècle ; mais s'il n'en profite, cet exemple pourrait bien lui être un jour une condamnation éternelle. Si un aussi grand coup de miséricorde nous est inutile, il n'y a plus rien à espérer pour notre salut. Amen.

« Je n'ai jamais ouï de ma vie un si beau sermon ! » assure Mlle de Scudéry à Bussy-Rabutin.

De l'avis général, Mgr de Fromentières s'est fort bien acquitté de sa périlleuse mission.

A la fin du prône, Louise est conduite à la sacristie par la prieure, Mère Claire du Saint-Sacrement (Mlle Chabot de Jarnac). Là, selon le rite, on lui tend une paire de ciseaux avec laquelle elle sacrifie ses deux dernières boucles dorées. Puis, on l'aide à se dépouiller de sa magnifique toilette, et elle endosse à nouveau les vêtements abandonnés une heure auparavant. Ils ne la quitteront plus jamais. Reconduite dans le chœur, elle reçoit, des mains de la prieure, le scapulaire et le manteau blanc des novices bénits par le prêtre.

Le joli corps, que Louis XIV a aimé, caressé, ces formes menues et pourtant solides de cavalière émérite, se trouvent désormais dissimulés aux yeux du monde pour toujours.

Les voix cristallines des sœurs entonnent le *Veni Creator*. C'est alors que la novice se prosterne, face contre terre sur un tapis de grosse serge, et demeure dans cette attitude, les bras en croix jusqu'à la fin du chant et des oraisons.

Soudain, des sanglots bruyants éclatent dans la nef où se trouve l'assistance. C'est Madame qui, croyant que l'on recouvrait Louise d'un drap mortuaire, ne peut réprimer son chagrin, car elle a une vive amitié pour elle. La sensible « Liselotte », comme la nomment ses intimes, reniflant et hoquetant, doit sortir de l'église.

L'incident n'a nullement troublé la prieure qui a continué à asperger la forme étendue d'eau bénite. Puis, elle lui tend la main pour l'aider à se relever et la conduit à l'autel du chœur. Sœur Louise de la Miséricorde se met à genoux et baise la table du saint sacrifice. Elle est profondément émue, car ce baiser symbolise sa consécration à Dieu. Enfin, elle va embrasser chacune des sœurs présentes et les mains de la prieure en disant :

– Je vous supplie, ma sœur, de prier Dieu pour moi.

La cérémonie s'achève avec le chant de l'*Ecce quam bonum et quam jucundum habitare fratres in unum* (Qu'il est doux et agréable pour des frères d'habiter ensemble).

La journée n'est pas encore complètement terminée. La présence de Madame, princesse du sang, autorise en effet l'entrée à l'intérieur du parloir, et quelques personnes l'y suivent. Liselotte est infiniment soulagée de revoir Louise, bien vivante, avec sur les lèvres un radieux sourire. La princesse, elle, a encore les yeux bouffis d'avoir tant pleuré.

– Il faut vous réjouir de mon sort, et non le pleurer, Madame, car en ce jour je commence seulement à être heureuse.

Louise est désormais l'épouse de Celui qui est tout amour et qui ne trompe jamais.

VIII

« JE NE SUIS QU'UNE SIMPLE RELIGIEUSE »

MLLE DE SCUDERY écrit après la journée du 2 juin : « Elle fit cette action avec une grande piété. Elle n'a jamais été si belle ni si contente. Je la trouve bien heureuse, quand ce serait de ne plus lacer Mme de Montespan. Il faut dire la vérité, c'était là un grand martyre... »

C'est là, bien sûr, une ironie évidente.

Louise va passer son noviciat dans une annexe du couvent où elle mène une vie identique à celle des religieuses professes. Elle sollicite toujours les plus gros travaux, les plus pénibles, les plus sales : balayer, laver le sol de la chapelle, étendre le linge dans le grenier. Dans ces tâches, qui font parfois pousser aux sœurs des soupirs de lassitude ou d'ennui, Louise se complaît.

En juillet, elle écrit au maréchal de Bellefonds : « La cour s'est rapprochée et je loue Dieu d'en être sortie pour jamais. »

En effet, Louis XIV est revenu de Franche-Comté,

et, à Versailles, les fêtes succèdent aux fêtes. Une collation est servie au bosquet des Marais en l'honneur de Mme de Montespan. Quinault fait représenter *Alceste* dans la cour de Marbre. Un souper a lieu dans les grands appartements. Des divertissements sont offerts dans les jardins du nouveau château de Trianon. On y joue l'*Eglogue de Versailles*, avec des paroles de Quinault sur une musique de Lulli. « J'entends parler de mille plaisirs, poursuit Louise, et je ne puis compter que ceux qui se goûtent dans la maison du Seigneur et au pied des autels, et quand je ne souffre point, je suis tranquille, et quand je souffre, je suis heureuse... » Louise veut-elle parler de ses fréquentes névralgies ? Il est certain qu'elle ne peut être qu'heureuse d'offrir ses souffrances au Seigneur. Elle termine sa lettre par ces mots : « Personne ne peut mieux juger que vous, puisque je ne vous cache rien depuis des années. »

Louise reçoit de nombreuses visites. Ses visiteurs ne peuvent bien entendu pas se douter à quel point ils la dérangent. Peu lui importe d'apprendre par leurs bouches les dernières nouvelles, les derniers potins, de savoir que le duc du Maine, bâtard du roi et de Mme de Montespan, n'a pas tiré profit de son voyage en Belgique pour consulter un médecin en vue de venir à bout de sa claudication, ou bien que Mme Scarron a été installée avec les bâtards de Sa Majesté dans le grand appartement d'Athénaïs, et que cette dernière est de plus en plus couverte de bijoux. Tous ces ragots ne signifient strictement plus rien pour sœur Louise de la Miséricorde. Les importuns partis, elle se hâte vers la chapelle pour « remercier le Seigneur de l'avoir retirée d'avec ceux qui L'offensent pour la mettre avec ceux qui ne pensent qu'à Le servir ».

Cependant, quelques visites la remplissent de joie : celles de l'abbé de Rancé, qu'elle avait connu à Blois du temps où il était l'aumônier de Gaston d'Orléans, ou celles de Bossuet, qui n'a pas vu Louise depuis quatre mois. Il écrit à la Mère Agnès : « Il me semble qu'il faudrait à chaque instant s'épancher pour elle en actions de grâces... Je la trouvai de nouveau enfoncée dans les voies de Dieu avec des lumières si pures et des sentiments si forts qu'on reconnaît à cela le Saint-Esprit. Selon ce qu'on peut juger, cette âme sera un miracle de grâce. »

L'Aigle de Meaux aurait bien aimé qu'il se produisît aussi un miracle pour Louis XIV. Afin de préparer le souverain à faire ses Pâques, il lui avait remis un texte où il lui expliquait que sa foi résidait dans l'amour divin, l'abandon à Ses volontés, et non dans des gestes et des exercices de piété dont le cœur est absent.

– Je n'ai jamais ouï parler de cela, s'étonne le roi, on ne m'en a rien dit.

Le roi continue cependant à se rendre chaque matin à la messe et à murmurer ses prières avec un rigorisme tout extérieur. Prières assurément moins profondes et moins sincères que celles que Louise répète quotidiennement : « Que je serais heureuse, dit-elle à Bellefonds, si, par toutes les souffrances du corps et de l'esprit, je pouvais obtenir la conversion de quelque âme. Je le demande à Dieu avec ardeur, et je vous avoue que je n'y pense jamais qu'avec transport... Prions avec compassion pour ceux que nous avons tant aimés », autrement dit Louis le Quatorzième.

Avec l'été et la chaleur, Louise fait connaissance d'une nouvelle mortification : l'habit de bure, lourd et épais, encore plus pénible à supporter en cette saison. La sueur coule le long de son corps. Se souvient-elle des bains pris avec Madame ? Ou de son agréable et fraîche maison où elle déjeunait sur l'herbe ? Des grandes rasades de boissons fraîches après les chevauchées à brides abattues dans les forêts royales ?

En cette année 1674, Louise voit, pour la première fois, mourir une jeune carmélite, entrée depuis peu au couvent. Elle contemple longuement le visage serein, les mains jointes sur le chapelet, le livre de la *Règle* sur la poitrine : « Qu'elle est heureuse ! » écrit-elle à Bellefonds.

Au mois d'avril 1675, Louise apprend que le curé de Versailles, le père Lécuyer, a refusé l'absolution à Mme de Montespan :

– Est-ce la Mme de Montespan qui scandalise toute la France ? Allez, Madame, cessez vos scandales et vous viendrez vous jeter aux pieds des ministres de Jésus-Christ !

Athénaïs est hors d'elle, et en appelle aussitôt au roi qui, fort embarrassé, en parle à Bossuet et à M. de Montausier. Tous deux estiment que le prêtre n'a fait que son devoir de serviteur de Dieu. Ils en profitent d'ailleurs pour sermonner Louis XIV :

– Je vous promets de ne plus la revoir, soupire Louis.

Et Mme de Montespan est exilée à Clagny, non loin cependant de Versailles...

Le 3 juin 1675, un an après sa prise d'habit, au terme d'une semaine de retraite et d'une nuit entière en prière, Louise fait profession au chapitre, dans la plus grande intimité. Cet usage datait du jour où sœur Anne de Jésus était tombée en extase. Une si longue extase durant la cérémonie publique, que sainte Thérèse d'Avila décida que la profession aurait désormais lieu à l'intérieur de la communauté.

Agenouillée sous le manteau blanc de sainte Thérèse, apporté en France par des religieuses espagnoles, conservé pieusement et utilisé seulement en ces occasions, Louise entend Mère Agnès, prieure depuis peu, lui rappeler la gravité des engagements qu'elle prend. Trois fois. Trois fois les paroles de la formule sont répétées avec lenteur. Oui, elle se donne au divin maître, elle se donne à l'époux céleste, elle se donne avec joie, de tout son être.

Louise prononce maintenant son acte de profession :

– Je, sœur Louise de la Miséricorde, fais ma profession et promets chasteté, pauvreté et obéissance à Dieu Notre Seigneur, à la Bienheureuse Vierge Marie et à nos révérends Pères supérieurs établis à présent par la Bulle du feu Pape Clément huitième, et fais cette profession selon la règle primitive de l'Ordre dit du Mont-Carmel, qui est sans mitigation et ce jusques à la mort.

Après les oraisons de règle, Mère Agnès revêt sœur Louise de son nouveau scapulaire et de son nouveau manteau. La cérémonie se termine par un vibrant *Te Deum* pendant lequel la professe reste prosternée au milieu du chapitre. La plus grosse cloche du monastère, qui diffère des autres par sa voix profonde, sonne le glas.

Morte au monde, Louise l'est sans nul regret.

Le lendemain, 4 juin, jour de la Pentecôte, la foule emplit l'église pour la cérémonie de la prise de voile. La reine est là, bien entendu, Monsieur, toujours aussi fardé et couvert de rubans et de dentelle, Madame, sincèrement émue, la Grande Mademoiselle, longtemps jalouse de la duchesse de La Vallière

– bien à tort – en raison d'une possibilité de mariage avec Lauzun, et aujourd'hui pleinement rassurée. Sont également présentes Mademoiselle d'Orléans, fille d'Henriette d'Angleterre, que Louise a vu naître, ainsi que Mme de Guise, la duchesse de Longueville, pensionnaire du Carmel depuis une vingtaine d'années, et bien d'autres absentes l'année précédente, lors de la prise d'habit. « Toutes sont extraordinairement édifiées de la modestie et du zèle de cette nouvelle professe », écrit *La Gazette*.

Les religieuses s'avancent aux accents du *Veni Creator* et prennent place dans l'avant-chœur et chœur. Selon l'usage, le châssis de la grande grille est ouvert et un rideau cache les sœurs restées invisibles. Louise a pris place entre le rideau et la grille. Elle tient un long cierge allumé et tous peuvent contempler son visage découvert. Sa beauté surprend tout le monde. Tous ces courtisans se souviennent d'avoir fréquemment vu Louise les traits tirés, l'air triste. Mais, en ce jour, ses yeux brillent, son teint est lumineux, un léger sourire erre sur ses lèvres. Si Louis XIV la voyait en cet instant, peut-être éprouverait-il quelque regret d'avoir laissé s'échapper une si jolie femme.

Afin d'entendre le sermon, Louise s'assied dans la tribune, aux côtés de la reine en compagnie des religieuses. Cette fois, Bossuet est en chaire. Il paraît néanmoins que le texte du sermon qui nous est parvenu ne serait pas d'une parfaite authenticité. Il faut donc se fier aux *Mémoires* ou *Souvenirs* écrits par les témoins. Le public s'attendait à des allusions sur la vie passée de la duchesse de La Vallière, mais c'était là mal connaître le tact infini du prélat, s'interdisant toute anecdote, toute indiscrétion pouvant rappeler ce que l'on veut à jamais oublier. Il ne faut pas négliger non plus la présence de Marie-Thérèse outragée autrefois par celle qui était devenue une amie, ô combien repentante. Louise n'a donc qu'à se louer d'un prédicateur « dont la parole discrète, tout en publiant hautement les miséricordes de Dieu sur elle, avait su ménager à la fois les délicatesses de son humilité et la pudeur de son repentir ».

Le sermon terminé, Louise retourne auprès des sœurs qui se tiennent debout dans les stalles, leur voile baissé afin de dissimuler leur visage. L'archevêque de Paris, Mgr Harlay de Champvallon, bénit alors le voile de Louise posé sur l'autel. L'antienne *Veni Sponsa Christi* s'élève, suivie du Psaume XIX *Exaudiat te*. La prieure prend la main de sœur Louise et la conduit auprès de la petite grille où le prélat pose le voile sur sa tête « en sorte qu'il lui couvrît la face ». Puis la nouvelle professe revient à sa place recevoir sa bénédiction. Au moment du *Te Deum*, elle se prosterne comme elle l'a fait lors de la prise d'habit, et demeure sur le tapis grossier pendant toute la durée de l'hymne et des oraisons finales. La prieure l'asperge d'eau bénite, la relève et la fait se placer au milieu de l'autel qu'elle baise à genoux. Enfin, les religieuses entonnent le psaume *Deus misereatur nostri*, qui clôture la cérémonie.

L'assistance unanime déclare que la duchesse de La Vallière a fait cette action « comme toutes les autres de sa vie, d'une manière noble et charmante », rapporte le 5 juin Mme de Sévigné, qui se trouvait absente à la suite d'une erreur de date.

Comme il fallait s'y attendre, cette sortie définitive de la vie mondaine a suscité des commentaires sans fin. Le plus tortueux nous paraît être celui de Bussy-Rabutin, le cousin de Mme de Sévigné : « La conversion de Mme de La Vallière me confirme de plus en plus que Dieu attire à lui les gens par toutes sortes de voies. Dieu aurait eu de la peine, si l'on ose parler ainsi, à tirer cette pénitente des mains de son amant, mais la jalousie a fait ce miracle... » La jalousie ? Bussy s'imagine alors curieusement que Louise, « faisant réflexion sur le grand bruit qu'elle fait contre sa vie passée », n'a pas trouvé de meilleur moyen pour se venger et « dire des injures à sa rivale » ! Raisonnement quelque peu spécieux, semble-t-il. Remarquons toutefois que les scènes entre le roi et Athénaïs étaient fréquentes.

Quant à Bossuet, il écrit peu après au maréchal de Bellefonds : « Ma sœur Louise de la Miséricorde a enfin achevé son sacrifice. C'est un miracle de la grâce. » Le maréchal a d'ailleurs déjà reçu de sa protégée les lignes suivantes, datées du 24 juin : « Quel bonheur ! Je puis donc dire avec vérité que je suis pour jamais à Dieu ; je tiens à Lui par des liens si forts que rien ne pourra les rompre ; je suis liée par les vœux que j'ai faits et mille fois plus liée encore par l'amour qui me les a fait faire ; non, rien ne peut me séparer de la charité de Jésus-Christ : c'est en Lui seul que je veux vivre... »

Mais en lisant ce qui suit, on imagine aussi ses luttes : « Il ne me reste plus rien à souhaiter que de perdre la mémoire de tout ce qui n'est point Lui. Par sa bonté le cœur est détaché, et la volonté ne tend qu'à Lui plaire ; mais cette importune mémoire, dont je souhaite d'être délivrée entièrement, me distrait malgré moi à tous moments et me fait la guerre. Il n'y a qu'elle à détruire, et je Le prie d'achever son ouvrage. »

Louise dira encore : « Aimer Dieu ardemment et oublier tout le reste, ah ! Monsieur le maréchal, ce serait trop agréable. Il faut que je porte la peine de mes péchés. La paix profonde ne m'habite pas encore... »

Oui, pensées importunes au moment où l'on s'y attend le moins, sans raison, sans motif. On ne peut refréner sa pensée comme on tire sur les rênes d'un cheval au galop. Elle s'envole comme l'oiseau, comme un brin de pollen, comme un nuage apporté par le vent... Il est facile de dire : « Il faut chasser cette pensée », mais comment chasser l'impalpable, l'irréel ?

« Tout sera compté, poursuit Louise ; le temps n'est rien ; mais l'éternité est longue, il ne faut rien oublier pour l'acquérir ! Prions avec ferveur, cherchons avec persévérance, malgré toutes les oppositions que nos méchantes habitudes nous fournissent, et aimons purement, sans aucun petit reste d'amour-propre... » Et Louise souhaite pouvoir mourir si entièrement à elle-même afin de dire avec l'apôtre : « Ce n'est plus moi qui vis, c'est Jésus-Christ qui vit en moi. »

Le 3 juillet de cette année 1675, Louis XIV écrit à Colbert au sujet du comte de Vermandois, le fils de Louise qu'il a légitimé : « J'ai ordonné qu'il fût traité comme les princes de Conti. Il faut seulement éviter qu'il se trouve en des occasions trop marquées comme la chemise ou la serviette... » Il s'agit des cérémonies du lever et seuls les princes du sang pouvaient passer sa chemise au souverain. « Et même, il sera bon, à l'église, qu'il ne soit pas tout à fait au même rang que les princes du sang. Tout cela doit se faire naturellement, recommande le roi, et cet ordre demeure entre vous et moi ; car quand on ne pourra éviter ce que je vous dis, il faut qu'il fasse comme les princes de Conti. »

Nombreux sont ceux qui estiment Louise d'une constitution trop délicate et fragile pour supporter longtemps le régime ascétique du cloître : les repas sont uniquement composés de légumes et de laitage, le jeûne dure sept mois par an. A l'époque du carême, des quatre-temps, des vigiles, le beurre, les œufs disparaissent des menus. Louise estime que c'est encore trop abondant, et demande à jeûner au pain et à l'eau uniquement. Malgré sa haire et son cilice, elle sollicite la permission de porter également des bracelets de fer aux poignets et aux chevilles. Mère Agnès, qui respecte son esprit de pénitence, ne lui autorise cependant pas toujours ces macérations.

– Vous m'épargnez beaucoup, ma Mère, mais Dieu y suppléera.

Et elle remercie en effet le Ciel de lui envoyer de fréquentes migraines. Comme tous les grands mystiques, souffrir, c'est s'unir plus étroitement au Christ, c'est participer à la Rédemption.

Sœur Louise est par la suite autorisée à se lever deux heures avant le réveil de la communauté et à passer ce temps en prière devant le Saint Sacrement. Le chauffage étant strictement réservé à l'infirmerie, on la retrouve souvent au bord de l'évanouissement. Elle se trouve mal dans le grenier, ayant eu comme tâche d'étendre le linge mouillé par une température polaire. Un jour de Vendredi saint, se souvenant avec quel plaisir gourmand elle dégustait des liqueurs, elle fait le vœu de ne pas boire une goutte d'eau durant trois semaines – et trois années entières à ne boire que la valeur d'un demi-verre par jour... Une de ses compagnes lui ayant demandé si elle avait eu la permission de s'infliger une si cruelle et dangereuse pénitence, Louise répond avec ingénuité :

– J'ai agi sans réflexion, je n'ai été occupée que du désir de satisfaire à la justice de Dieu.

Le Ciel n'a pas permis que Louise détruise à jamais ses reins...

En fait, elle s'imaginait qu'après avoir obtenu le pardon de ses fautes, elle devrait réparer, dans la mesure du possible, l'injure faite à Dieu et expier. Voilà ce que signifiait pour elle « satisfaire à la justice de Dieu ».

Pourtant, Louise est dans l'erreur sur le véritable esprit du Carmel qui n'est nullement la mortification à ce point.

Bellefonds, naguère en quelque sorte son directeur de conscience, devient un peu maintenant le dirigé. Louise, c'est bien dans son caractère, se fait cependant l'humilité même pour lui répondre, le 4 novembre 1675 : « Je suis au-dessous de l'état où vous me croyez... Songez que je suis une malheureuse qui ne fait que commencer à souhaiter faire le bien. »

De nature plutôt mélancolique, il lui suffit de contempler son scapulaire, de toucher son voile, pour se sentir pénétrée de bonheur et d'amour : « Je n'ai qu'à songer que je suis dans la maison de Dieu, toute mon espérance se réveille, mon âme s'élève et s'agrandit et je sens venir en moi cette douceur et cette tranquillité dont je vous ai déjà parlé plusieurs fois. »

L'abbé de Rancé, Armand-Jean Le Bouthillier, avait, depuis Blois, toujours gardé contact avec Louise. Il avait possédé une grande fortune, et mené une vie fort dissipée. Passionnément épris de Mme de Montbazon, la célèbre frondeuse, sa mort lui fit subir un tel choc, en 1657, qu'il renonça à sa vie dissolue et se retira deux ans chez les oratoriens. Il distribua tous ses biens, renonça à ses – nombreux – bénéfices ecclésiastiques, sauf à l'abbaye de la Trappe, où ne vivait qu'une dizaine de moines ne se souciant plus guère de la règle. Rancé, devenu abbé régulier du monastère en 1664, rétablit une règle d'une extrême rigueur et sous sa direction la Trappe acquit une renommée considérable. On accusait pourtant l'abbé de faire preuve d'une austérité que d'aucuns estiment « ridicule ». « Je crains que cette Trappe, qui veut dépasser l'humanité, raillait-on, ne devienne les Petites Maisons. [1] » En somme, ceux qui s'étaient divertis de son amour passionné, le blâmaient maintenant parce qu'il ne les distrayait plus.

Louise et Rancé se reconnaissaient : ils étaient de la même race. Il lui relate l'état désolant de la Trappe lorsqu'il y est entré. Maintenant la ferveur la plus absolue y règne. Les milliers de visiteurs qui y viennent chaque année s'en retournent édifiés, pleins de respect pour les moines qui jamais ne parlent, jamais ne lèvent les yeux de leur travail. Rancé exhorte Louise de ne plus s'occuper que des choses éternelles ; tous deux, plus que personne, se doivent de réparer, par une conduite d'une fidélité exemplaire, tout ce qu'il y avait eu de scandaleux dans leur conduite passée. Dans leurs entretiens, trappiste et carmélite font assaut de spiritualité.

Une des tantes de Rancé a fait profession au Carmel et Mère Agnès est une grande amie, mais c'est sœur Anne-Marie de Jésus (Mlle d'Epernon) qui assiste, comme il se doit, à leurs conversations. Louise fait part de sa joie et de ses impressions à son fidèle maréchal, le 7 novembre 1675 : « M. l'abbé de la Trappe m'a donné des instructions telles qu'il les donne à ses novices... et je pense que sœur Anne-Marie a mieux profité que moi à qui il faut plus qu'à une autre pour faire le bien. » Cependant, elle admet « être toujours dans la confiance et la paix, et notre saint abbé m'a fort incitée à y demeurer ». Elle s'exclame : « Qu'il

1. Là où l'on soignait les fous.

aime Dieu au prix de moi ! et que cela me doit donner de confusion. »

– Rien ne me fait peur, assure-t-elle, quelque étroit que soit le chemin, j'y passerai.

Ainsi celle qui se fait si humble, se considère comme « une pauvre petite carmélite », « sans vertu ni lumière », fait l'admiration d'un Bossuet, d'un Rancé, d'un Bellefonds, qu'elle va jusqu'à gourmander :

– Ne puis-je obtenir que vous me parliez comme je le mérite ? En vérité, vous n'y pensez pas, vous me parlez comme vous auriez fait à saint Paul à son retour du troisième ciel, et je suis la plus criminelle des créatures. Ne m'épargnez point, je vous prie, au nom de Dieu ! Point de ménagements !

Au début de 1676, le marquis de La Vallière, frère de Louise, doit subir une grave opération chirurgicale. Alors qu'elle croyait son cœur mort à tous les sentiments du monde, il tressaille d'inquiétude. Depuis son entrée au Carmel, elle a préféré passer pour indifférente, et a refusé toute manifestation de tendresse de la part des siens. La bonne reine Marie-Thérèse, qui continue régulièrement de pénétrer dans la clôture, propose à sœur Louise de donner un jour la main au marquis pour lui permettre d'entrer. La religieuse la supplie de n'en rien faire, ne voulant pas que pour elle la règle, qui interdit aux hommes toute intrusion dans le monastère, soit transgressée.

Plus pénible pour Louise, plus douloureux encore, est la venue un jour de la princesse Palatine, Madame la duchesse d'Orléans, dans le parloir en compagnie du petit comte de Vermandois. La bonne Liselotte croit sincèrement faire un infini plaisir à la carmélite :

– Allez embrasser votre « belle maman », murmure-t-elle en poussant gentiment l'enfant vers sa mère.

Louis s'avance en tendant les bras, mais Louise recule, livide. La duchesse d'Orléans s'en étonne.

– Je vous supplie, Madame, de ne pas insister.

– Pourquoi vous priver de cette consolation ? reprend la princesse.

Louise de la Miséricorde, la gorge nouée, se contente de dire non de la tête. Liselotte, les larmes aux yeux, comprend-elle enfin son erreur ? Elle emmène l'enfant, désolé, tandis que Louise, en sanglotant, va se jeter à genoux devant le Saint Sacrement. La vue de son fils lui a rappelé sa faute. Ce fils, si beau, qu'elle aurait voulu serrer sur son cœur, est devenu pour elle l'incarnation du péché. Des souvenirs qu'elle avait cru morts viennent à nouveau l'assaillir. Ce fils né des étreintes de Louis si passionnément aimé ! Louise pleure de se sentir si faible, si pécheresse, si éloignée encore de ce à quoi elle aspire de tout son être : la pureté. En cet instant, elle voudrait s'arracher le cœur, et surtout punir, châtier, mortifier ce misérable corps qui l'a entraînée à mal faire.

Au mois d'avril 1676, sœur Louise fait une retraite de huit jours, durant lesquels elle observe le silence le plus absolu. Un voile noir la recouvre entièrement. Pour pouvoir marcher sans risque de trébucher, elle soulève légèrement le tissu opaque afin d'apercevoir le bout de ses sandales. Agenouillée, elle ne présente plus qu'une masse informe et sombre. Elle prie : « Seigneur, détournez mes yeux des vanités de ce monde, fermez-les pour jamais à tout ce qui peut me distraire de Votre sainte loi... Ne Vous éloignez pas, ô mon Dieu ! Si Vous m'abandonnez, je ne verrai plus que mes crimes. »

Sa retraite tout juste terminée, Louise a la peu

agréable surprise de recevoir la visite de Mme de Montespan. Celle-ci est venue, animée sûrement d'une curiosité malsaine, et peut-être aussi pour montrer à son ancienne rivale que son « exil » n'a que bien peu duré. Elle a repris sa place dans le lit du roi, qui avait pourtant tenté de lui trouver une remplaçante. Nulle beauté n'est parvenue à guérir Louis XIV de son envie d'Athénaïs.

Cette visite est une épreuve que le Ciel envoie à Louise, et pour tenter d'apaiser les battements de son cœur, au souvenir de tout ce qu'elle a subi par cette femme, elle reste quelques instants prosternée devant le Saint Sacrement. Puis, ayant recouvré sa sérénité, elle pénètre dans le parloir :

– *Deo gratias*, dit-elle de sa voix douce.

Et, derrière la grille, elle feint de s'absorber à quelque ouvrage puisque la règle du Carmel exige qu'une carmélite ne doit jamais rester oisive.

– Tout de bon, attaque Athénaïs, êtes-vous aussi aise qu'on le prétend ?

– Non, je ne suis point aise, je suis contente.

Perfidement, sans prononcer le nom du roi, mais usant de la périphrase « le frère de Monsieur », la favorite se fait insidieuse :

– Ne voulez-vous pas que je lui demande quelque chose de votre part ?

Le silence seul lui répond. La marquise insiste :

– Que dirai-je pour vous ?

– Tout ce que vous voudrez, Madame, tout ce que vous voudrez.

En dépit de la souffrance ressentie, le ton indifférent n'est certes pas feint. Si Louise souffre, c'est d'être sans cesse ramenée vers un monde qu'elle veut oublier. Son désintéressement est total, son amour terrestre est définitivement mort. Elle ne ressent plus en son cœur qu'un amour divin. Il lui permet maintenant de tout supporter.

Mme de Montespan ne s'en tient pas là. On dirait qu'elle enrage de la paix où se trouve Louise, alors qu'elle doit quotidiennement lutter contre des rivales qui ne demandent qu'à la supplanter. Ses scènes de jalousie au roi sont fréquentes et elle ne sait que penser de la sympathie de plus en plus grande qu'éprouve Louis pour Mme Scarron. Athénaïs ne s'avoue pas vaincue. Après cette première visite, elle revient à la charge en compagnie de la reine qui s'en passerait bien. Elle va, vient dans le monastère, le bruit des hauts talons troublant le silence des longs couloirs. Elle va fouiner jusque dans les cuisines parce que Louise s'y trouve. Il semble qu'elle veuille faire de l'endroit un pays conquis. Il lui vient même à l'esprit d'organiser au Carmel une loterie d'objets de piété. C'est plus que ne peut en supporter Louise qui implore la permission de se retirer dans le couvent le plus éloigné de l'Ordre. Mais ni la prieure ni les sœurs ne souhaitent se séparer de sœur Louise de la Miséricorde qui est un exemple pour toutes. Ainsi Louise, du fond de sa retraite, ne parvient pas à être délivrée de ceux qu'elle a fuis et qui continuent plus ou moins à la harceler, comme animés d'un esprit satanique.

Un autre tourment assaille le cœur de la carmélite : la chère Mère Agnès tombe malade. C'est elle qui a bien voulu l'accueillir, qui l'a comprise, encouragée, soutenue, elle aussi qui a su freiner sa « fille » quand celle-ci a voulu aller trop loin dans ses mortifications. Sœur Anne-Marie et sœur Louise sont angoissées : « Elle en est au sept de la fièvre, écrivent-elles au maréchal... Elle a trois à quatre redoublements tous les soirs, enfin nous ne savons plus où nous en sommes. »

On s'en doute, sœur Louise multiplie les prières et les mortifications. Elle, dont la propre mère a été si peu tendre et proche, avait trouvé dans la religieuse la plus attentive et compréhensive des mamans. Enfin, elle peut écrire avec soulagement qu'un mieux s'est produit, en dépit de la fièvre persistante. Louise s'extasie devant la « sainteté et la vertu extraordinaire » de Mère Agnès, et elle semble s'excuser d'avoir en cette occasion « montré ce naturel tendre que vous connaissez ». Douce Louise... Combien elle remercie le Ciel de permettre que, le 12 septembre 1676, la Mère Agnès puisse descendre dans le chœur afin d'assister à la messe.

La jeune femme reste profondément marquée par ces heures d'inquiétude. Elle y pense sans cesse et se reproche de trop aimer une créature humaine, alors que seul l'amour divin devrait emplir son cœur. « Je vous avouerai que j'ai éprouvé des mouvements de crainte et de tendresse si pressants que j'en étais toute troublée », confie-t-elle.

Le marquis de La Vallière s'éteint le 13 octobre 1676. Il laisse un jeune garçon, le futur duc de La Vallière. Sa tante, sur les instances de sa belle-sœur, écrit à son ancien royal amant pour le prier de bien vouloir transmettre à son neveu le gouvernement du Bourbonnais. Louis XIV lui fait savoir que sa demande est agréée, et il ajoute que « s'il était assez homme de bien pour voir une carmélite aussi sainte qu'elle, il irait lui dire lui-même la part qu'il prend à sa perte ».

Certains historiens ont reproché à Louis XIV de ne pas avoir rendu visite à son ex-bien-aimée. Nous sommes assez sévère avec le roi-soleil pour ne pas ici, au contraire, reconnaître qu'il a fait preuve de tact. Il sait, par son entourage, tout ce qu'il y a à savoir sur la carmélite. Il a compris à quel point sa conversion est sincère, et peut-être est-on en droit de penser que la sienne a été influencée par l'exemple de Louise de La Vallière.

La mort de ce grand frère qu'elle a chéri, elle l'offre à Dieu, avec son cortège de peine : « Non seulement celui-là, écrit-elle, mais tout ce que Vous voudrez, tout ce que j'ai de plus cher au monde, je pourrai tout par Votre grâce. »

Louise aurait tant souhaité être oubliée, jouir du silence et de la quiétude du cloître, et elle est sans cesse chargée de s'entremettre pour toutes sortes d'intérêts. Pour rendre service à Bellefonds, elle veut bien s'occuper d'une affaire d'argent au sujet de M. de Valentiné, contrôleur de la Maison du roi. Cependant, elle fait remarquer avec gentillesse au maréchal que « ni vous ni moi ne sommes guère entendus en matière d'intérêt ». Et, toujours humble, elle termine sa lettre par ces mots : « Pardonnez-moi si je vous compare à une personne dont la réputation était si mal établie sur cet article et sur bien d'autres. »

Pour un peu, elle se comparerait à une femme de mauvaise vie !

Il lui faut écrire à Colbert, à M. Thoret, avocat à Tours, à M. d'Apremont, à M. Fodart, médecin du roi, à M. de Beauvilliers, à M. de Torey, à Mgr Huet, auquel elle avoue : « Je suis si persuadée que le plus grand avantage qui puisse m'arriver est d'être oubliée, que je dois désirer que tous le fassent. » Si Mgr Huet est psychologue, il doit comprendre que sœur Louise lui suggère délicatement qu'elle se passerait bien de lui écrire. Elle lui précise : « Vous ne sauriez croire, Monseigneur, à quel point je suis dénuée de crédit ici. »

Certains, qui continuent à l'appeler Mme la

duchesse de La Vallière, ne comprennent pas que, loin de l'honorer, ce titre l'importune, lui rappelant encore et toujours une période de sa vie qu'on semble ne pas vouloir lui laisser oublier.

Heureusement pour Louise, il est des moments, écrit-elle à Bellefonds, le 4 mars 1677, « où la grâce agit si puissamment en moi que je suis comme transportée hors de moi-même, que je ne me reconnais plus ».

C'est peut-être lors d'un de ces « transports » que la carmélite rédige ce texte, aussitôt remis à sa Supérieure, et assurément écrit d'un seul jet, véritable délire mystique : « O Croix de mon Sauveur, adorable Croix ! Je t'embrasse, je m'attache à toi tout entière pour lui être unie à jamais ! O Croix triomphante ! O jour de la miséricorde !... Entrons dans la voie... J'y cours... le souffle de Dieu m'emporte... Je l'ai parcourue, je touche au but. Jérusalem, ouvre tes portes ! Portes éternelles, ouvrez-vous, ministres du Très-Haut, présentez-moi devant son trône, que je l'adore, que je le contemple, que je m'absorbe en Lui ! »

Au mois de mai 1677, Mme de Montespan met au monde une fille. Louise en est sûrement avertie, et nul doute qu'elle ne déplore la vie dissolue des parents, et qu'elle ne prie pour eux et la nouvelle bâtarde.

Les lettres à Bellefonds sont, pour nous, une source de renseignements sur l'évolution de la vie mystique de Louise de La Vallière et de ses progrès constants en cette voie. « Je suis plus pleine d'imperfection que je n'étais il y a un an », avait-elle écrit en 1676. Elle gronde un jour le maréchal parce qu'il a fait lire ses lettres et, pis encore, il lui a fait part des compliments qu'en ont faits des amis. « Vous êtes trop indiscret pour un directeur, et je suis surprise de ce que vous ayez fait part de mon intérieur à quelques-uns. C'est à vous seul que j'en rends compte, parce que vous y prenez intérêt, et point à tout le reste du monde, qui n'est pas si aisé à édifier que vous, et que j'ai scandalisé par mes actions... »

Louise est vraiment fâchée, peinée, elle considère cette indiscrétion comme une sorte de trahison. « Ne faites donc plus valoir mes lettres, je vous prie, et qu'elles soient entre vous et moi. Je ne mérite ni ne veux de louanges, et il semblerait au public que je veux m'en attirer... »

Elle connaît bien ceux qui, incapables de s'élever spirituellement, cherchent à rabaisser et tourner en dérision ceux qui le peuvent. « Je crains l'orgueil sur tout ; j'en suis toute remplie et plus je m'en trouve et plus je me hais... »

L'orgueil... le péché de Satan ! Elle supplie : « Aidez-moi à le chasser ; j'ai tant de sujet de m'humilier ! Présentement, je suis dans une grande misère. »

Louise n'est pas introvertie, elle se livre volontiers, elle n'est pas d'une nature compliquée. Nous dirions presque que c'est une ingénue. C'est une violette dont le parfum embaume, et elle s'étonne des grâces multiples dont elle bénéficie : « Je suis pénétrée de foi et l'espérance m'enlève hors de moi-même ; je désire être toute consumée du feu de la charité. »

Elle s'abandonne à la joie de se dissoudre en Dieu : « Je suis d'une si grande tranquillité de tout ce qui peut arriver que je regarde la santé, la maladie, le repos, le travail, la joie et les peines d'un même visage. Je ferme les yeux et me laisse conduire à l'obéissance. » L'obéissance... L'une des plus belles vertus demandées aux religieux. La sainte obéissance que sainte Rita mit en pratique en arrosant chaque jour un cep de vigne desséché qui, un jour, se mit à fleurir...

et qui donne toujours du raisin... « Je chemine gaiement vers la céleste patrie. »

Elle confie au maréchal les exhortations mystiques de la prieure : « Que Jésus-Christ crucifié soit toute notre confiance... En effet, que faut-il à un chrétien que la croix ? Que je sens de douceur et de plaisir à l'aimer !... Je crois. Comme vous, je suis obligée de chanter à toute la terre les biens que le Seigneur fait à mon âme, mais aussi avec quel plaisir je les publie. »

« Mon âme exalte dans le Seigneur... »

En entrant au couvent, Louise de La Vallière s'attendait à mener une vie d'austérité et de renoncement, et « tout ce que je pouvais espérer du Seigneur, écrit-elle le 4 mars 1677, c'est qu'Il me fît miséricorde, et je suis comblée de grâces... ». Ne fait-elle pas penser à une adolescente étonnée de recevoir un cadeau auquel elle ne s'attendait pas ? Elle poursuit : « Je devais gémir toute ma vie sous la main du Tout-Puissant, et Il ne l'étend sur moi que pour réjouir mon âme par des bienfaits. »

Sa fille, Mlle de Blois, continue de faire la joie des yeux de la cour. D'autant plus que les courtisans constatent que le roi son père en prend beaucoup de soin. « Ma fille m'a demandé la permission de quitter la bavette, écrit Louis à Colbert en date du 8 avril 1677. J'y consens, si Mme de Colbert le juge à propos. » Pour les dix ans de sa bâtarde, le roi élève sa pension annuelle à 12 000 livres, et il y ajoute 10 000 livres environ pour ses toilettes. Il aime sincèrement les enfants que Louise lui a donnés. Il sont beaux, et l'on prétend même que le comte de Vermandois lui ressemble quand il avait son âge.

Au mois de mai 1678, Louise annonce à Bellefonds qu'elle entre « en retraite » le 25 du mois. « Priez Dieu qu'Il me remplisse si absolument de Son amour que je ne vive plus qu'en Jésus-Christ, et pour Jésus-Christ qui est la Voie, la Vérité et la Vie. »

Il existe une gravure de l'époque représentant sœur Louise de la Miséricorde dans son costume de carmélite, debout, un crucifix à la main et l'autre posée sur un livre sur lequel on peut lire distinctement : *Vanitas vanitatum, et omnia vanitas* : Vanité des vanités, et tout n'est que vanité. Dans le cartouche, ce texte sibyllin : « Elle s'animait aux pratiques de la pitié et de la pénitence par l'exemple de l'Enfant prodigue, et sur une image de son bréviaire, elle a écrit : "L'eau de mes larmes..." »

Nous pensons à Jésus disant : « J'ai soif... » Dans l'esprit de Louise, n'a-t-elle pas désiré étancher la soif du Seigneur avec « l'eau de ses larmes » ?

Dans le courant de l'année 1679, sœur Louise tombe malade. Elle a un érésipèle à la jambe et, bien entendu, nulle plainte ne s'est échappée de ses lèvres. L'inflammation s'étend à un tel point que ses compagnes finissent par s'en apercevoir et Louise doit entrer à l'infirmerie pour s'y faire soigner. Mère Agnès lui reproche sa conduite, cette attitude exagérée dans la ferveur. Elle donne tort à Louise de ne pas avoir averti de son mal avant qu'il ne grandisse. La coupable se prosterne devant la Mère, baise le sol et avoue :

– Je ne savais pas ce que c'était, je n'y avais pas regardé.

La pudeur de la carmélite est extrême, et il ne lui est pas venu à l'esprit de dévoiler son corps pour voir ce qu'il en était.

Mlle de Blois est devenue nubile, et le roi estime qu'il est temps de lui trouver un époux. Il lui faut « un grand établissement », bien digne de sa propre majesté. Cependant, le prince d'Orange contacté, au cours de la guerre de Hollande, décline ce qu'il ne considère pas comme un honneur, et le duc de Savoie agit de même. Le roi-soleil en ressent-il quelque vexation ? Il s'en remet car le Grand Condé vient personnellement demander la main de Mlle de Blois pour son neveu Louis-Armand de Conti. Fort dévot, le jeune prince s'est confié à la carmélite. Quelle conduite devait-il tenir ? A la fin de 1679, les fiançailles sont rendues publiques. Louis XIV conseille à Mlle de Blois d'écrire à sa mère pour l'informer de ce qu'il a fait pour leur enfant. Quant à la reine, une fois de plus, elle prouve la noblesse de son cœur en faisant imprimer à ses frais les *Réflexions sur la Miséricorde de Dieu*, afin de les déposer dans la corbeille de noces de Marie-Anne. Nous avons dit à quel point la fiancée était charmante, avec de fort beaux yeux, une bouche menue, rappelant le physique de sa mère sur de nombreux points, mais il n'en est pas de même moralement...

Le roi la dote somptueusement : un million de livres, plus une rente de 100 000 livres. Au moment des noces, il lui fait cadeau de 50 000 écus et de 100 000 livres pour son trousseau. Il y joint les bijoux et les pierreries naguère portés par la duchesse de La Vallière, sa mère. La cour se distrait au spectacle des deux promis, de quatorze et dix-neuf ans, qui paraissent s'aimer à la folie « comme dans les romans ». « Mlle de Blois pleure de bonheur et Conti s'agite comme un toutou, relate Mme de Sévigné, le 27 décembre 1679. Le roi s'est fait un grand jeu de leur inclination ; il parla tendrement à sa fille, et qu'il l'aimait si fort qu'il n'avait point voulu l'éloigner de lui ; la petite fut si attendrie qu'elle pleura... » Taquin, le roi fit semblant de croire que Marie-Anne pleure à l'idée d'épouser le prince de Conti, qu'elle avait « de l'aversion » pour lui. Et l'adolescente en pleura de plus belle : « Son petit cœur ne pouvait contenir tant de joie. Le roi s'amusait à narrer la scène à qui voulait l'entendre, et tout le monde y prit plaisir... » Quant au prince de Conti : « Il était transporté, il ne savait ni ce qu'il disait, ni ce qu'il faisait ; il passait par-dessus tous les gens qu'il trouvait en son chemin pour aller trouver Mlle de Blois. »

Mme Colbert ne l'entend pas ainsi : elle ne veut pas que les fiancés se voient avant le soir – question d'étiquette semble-t-il. L'amoureux, comme pris de folie, force la porte et se jette aux pieds de sa bien-aimée qui, sans façon, l'embrasse de tout son cœur et se met à pleurer derechef. « Cette bonne petite princesse est si tendre et si jolie que l'on voudrait la manger. »

La manger de baisers, cela s'entend !

– Monsieur, déclare le comte de Gramont à Conti, je me réjouis de votre mariage. Croyez-moi, ajoute-t-il avec humour, ménagez le beau-père, ne le chicanez point, ne prenez point garde à peu de chose avec lui ; vivez bien dans cette famille, et je vous réponds que vous vous trouverez fort bien de cette alliance.

Louis XIV se divertit encore à « donner des transes » au prince de Conti en lui faisant dire qu'il fallait remettre « l'affaire » – le mariage – à l'hiver prochain. Là-dessus, le jeune homme s'évanouit et Marie-Anne le fait revenir à lui en l'assurant qu'elle n'aura pas d'autre époux que lui.

Bref, beaucoup de gaieté et de bonne humeur. Mme de Sévigné estime « qu'il n'y eut jamais de si joli roman ».

Nul doute, sœur Louise a été tenue au courant de tous ces détails. Sur le contrat de mariage, on peut lire au sujet de la mère de la future épouse : « Très haute et très puissante dame Louise-Françoise, duchesse de La Vallière..., à présent religieuse professe au couvent des carmélites, au faubourg Saint-Jacques. » Auparavant, le Grand Condé, son fils et son neveu s'y présentèrent en vue d'obtenir le consentement de la recluse. Tout héros et princes qu'ils étaient, ils ne purent voir Louise. Elle les reçut derrière le voile noir de la grille.

Les trois hommes, satisfaits de leur visite et du tour pris par les choses, vont même voir Mme de Saint-Rémy et sa fille, Mme d'Entragues, sœur utérine de Louise, sans oublier une « vieille tante obscure », vivant dans les faubourgs de Paris.

Mme de Sévigné, qui a accompagné Mademoiselle au Carmel, revoit pour la première fois Louise depuis son départ de la cour. Elle salue d'abord quelques carmélites connues autrefois, puis une voix très douce, reconnaissable entre mille, fait entendre un *Deo gratias* en s'approchant de la grille où elle se met à parler avec un interlocuteur invisible – le prince de Conti. La marquise, qui a aussitôt reconnu la carmélite, ne peut plus la quitter des yeux. Louise, ayant pris congé du prince, rejoint en souriant le groupe des visiteuses. « Quel ange ! » pense la marquise, émue par tant de simplicité et de grâce : « Ce fut à mes yeux tous les charmes que nous avons vus autrefois, écrit-elle à Mme de Grignan. Je ne la trouve ni bouffie ni jaune ; elle est moins maigre et plus contente ; elle a ses mêmes yeux et ses mêmes regards ; l'austérité, la mauvaise nourriture et le peu de sommeil ne les lui ont creusés, ni battus ; je n'ai jamais rien vu de plus extraordinaire. Elle a cette même grâce, ce bon air au travers de cet habit étrange ; pour la modestie, elle n'est pas plus grande que quand elle donnait au monde une princesse de Conti ; mais c'est assez pour une carmélite... » Et elle conclut : « En vérité, cet habit et cette retraite sont une grande dignité pour elle. Elle a parfaitement bien accommodé son style à son voile noir. »

Qu'on ne s'étonne pas de voir sœur Louise se conduire ainsi en « mondaine ». Elle ne fait que traduire l'esprit du Carmel, tel que l'a enseigné sainte Thérèse dans *Le Chemin de la Perfection* : « Tâchez donc, mes sœurs, autant que vous le pourrez sans offenser Dieu, de vous montrer affables et de vous conduire de telle sorte avec toutes les personnes qui traiteront avec vous, qu'elles aiment votre conversation, qu'elles se sentent attirées, à partager votre manière de vivre et d'agir, qu'enfin au sortir de vos entretiens, la vertu, au lieu de les effaroucher et de les décourager, n'ait plus que des charmes pour elles. »

Il semble bien que Louise a parfaitement assimilé ces conseils, qui correspondent d'ailleurs totalement à son caractère.

En janvier 1680, Mme de Sévigné assiste au mariage de Mlle de Blois, « mariée à la face du soleil dans la chapelle de Saint-Germain ». Le mariage est suivi d'un banquet, d'une comédie, d'un bal, et pour finir la journée, le roi donne la chemise au prince de Conti, et Marie-Thérèse passe la sienne à la bâtarde de son époux...

En 1653, par la bulle *Cum occasione*, le pape Innocent X avait condamné la doctrine de Cornelius Jansénius, théologien hollandais. Il s'agissait d'un système hérétique sur la grâce, le libre arbitre, la prédestination, le mérite des œuvres et le bienfait de la rédemption. En dépit de la condamnation papale, le jansénisme séduisit par sa rigueur même. Le jansénisme veut que le pénitent change du tout au tout sa conduite, et ne conserve pas les mêmes dispositions.

Comment ne pas aussitôt penser aux confessions régulières de Louis XIV qui, pourtant, ne change pas un iota dans sa conduite. Il en est de même pour Mme de Montespan. Les pratiques religieuses du couple ne sont que des attitudes. Il n'y a chez le roi aucune spiritualité. Après une confession, il demeure chaste peut-être pendant huit jours, mais retourne bien vite à son libertinage éhonté.

Le jansénisme estimait que le meilleur service à rendre aux hommes, c'était de les mettre en face de la vérité. Dans bien des couvents parisiens, le jansénisme a sévi. Cependant, rien ne prouve que le Carmel du faubourg Saint-Jacques ait été atteint par le virus. Une note du duc de Luynes, en marge du *Journal* de Dangeau, met les choses au point. « On reproche à sœur Louise de s'être trop livrée aux sentiments des novateurs et d'avoir étudié des matières de doctrine peu convenables à une carmélite. » Sœur Louise a peut-être lu les *Réflexions morales* du père Quesnel, auxquelles Bossuet lui-même témoigne de l'indulgence. Quoi qu'il en soit, la compromission de sœur Louise à l'égard du jansénisme, si elle a eu lieu – ce dont on peut sincèrement douter –, n'a pas dépassé la lecture de quelques livres, régulièrement autorisés par sa Supérieure. La désolante doctrine n'avait rien qui pût lui plaire. Pendant que l'on bataillait dans le monde et dans de nombreux couvents autour du Carmel, Louise continue à progresser dans la vie qu'elle a choisie avec humilité, mortification et amour de Dieu.

La fille aînée de Philippe d'Orléans et d'Henriette d'Angleterre, devenue reine d'Espagne par son mariage avec Charles II, vient saluer Louise, le 5 septembre 1679, avant son départ de France.

En cette même année, Bellefonds, ayant quatre filles de sa famille chez les carmélites du faubourg Saint-Jacques, voulut louer un hôtel proche du couvent, celui de Villefort devenu libre à la suite du décès de sa propriétaire, la duchesse de Longueville. On ignore pour quelle raison Louis XIV s'opposa à cette location. Louise en est la première désolée : « Si vous étiez un peu plus près de nous, lui écrit-elle, rien ne nous manquerait : mais l'éloignement de ses amis est toujours très désagréable. » Leur correspondance se poursuit donc et grâce à elle nous continuons à en apprendre beaucoup sur ce que la carmélite ressent : « Quand je ne souffre pas, je suis tranquille, et quand je souffre, je suis ravie... », répète-t-elle. Cette souffrance tant désirée par les grands mystiques, cette souffrance qui les fait participer à la Rédemption. Le Christ n'a-t-il pas dit : « Si quelqu'un veut venir après Moi, qu'il se renonce lui-même, qu'il prenne sa croix et me suive. » La carmélite avoue avec modestie : « Vous savez que j'étais bien différente de cela autrefois : personne ne peut mieux juger que vous puisque je ne vous cachais rien depuis quelques années. »

En dépit de l'entrée de Louise en religion, le maréchal demeure son directeur de conscience : « Je suis fort contente de ce que vous avez repris dans votre dernière lettre l'autorité que vous avez sur moi il y a si longtemps ; gardez-la jusqu'à la mort, j'y consens. Vous voyez comme je suis docile et que, quand j'ai une fois mis ma confiance, je ne change pas. » Cependant, c'est souvent à elle de donner des conseils, de lui rappeler quelques vérités peu agréables, quitte à lui demander pardon un peu plus tard de son audace. « Heureuse l'âme, lui rappelle-t-elle, qui est toute pénétrée du désir de méditer sans cesse la loi de ce Seigneur dont le joug est si doux à porter. Pensez aussi avec un saint étonnement à qui Il donne ses désirs, à vous et à moi qui sommes des grands pécheurs. Pardonnez la comparaison ; je sais que mes crimes surpassent les vôtres de toutes manières ; mais enfin, tout ce qui offense Dieu est bien criminel et la vie du monde n'est remplie que de cela. »

Un jour, le maréchal lui fait part de son intention de se retirer du monde, ce monde qui ne lui apporte que désillusion et tristesse. Loin de l'encourager, la carmélite l'en dissuade formellement, témoignant ainsi de son jugement sain et de sa prudence. Elle connaît aussi bien Bellefonds qu'il la connaît. Comment, avec son humeur changeante et son caractère autoritaire, pourrait-il se plier à une règle stricte et souvent pénible ? Elle lui conseille seulement de faire des retraites à la Trappe, auprès de l'abbé de Rancé, ou bien encore sous les directives du cardinal Le Camus.

D'autres chagrins viennent assaillir Louise. Elle a appris qu'à peine trois mois après son mariage, sa fille, Marie-Anne, devenue la princesse de Conti, s'est mise à se plaindre de son mari, pourtant toujours aussi profondément amoureux. Elle prétendait que le prince « n'était pas de bonne forme », et, comme l'écrit avec son ironie habituelle Bussy-Rabutin, « tout le monde de se demander où la fillette de treize ou quatorze ans pouvait avoir appris comme il faut que les hommes soient tournés pour être bien faits ». Coquette autant qu'il est possible, la jeune princesse se laisse courtiser par son charmant beau-frère, le prince de La Roche-sur-Yon qui, on s'en souvient, avait été son premier danseur. Elle lui trouve maintenant toutes les qualités qu'elle récuse désormais à son mari. Le roi tente de la sermonner. Il aurait pu aussi bien chanter, car elle continue à être « méchante comme une petite harpie pour le prince de Conti, qui se met à changer de tout au tout ». Profondément déçu, Conti s'aigrit, sa jalousie s'exaspère, et lui, si chaste, sombre dans la débauche, et, bien entendu, délaisse ses devoirs religieux. Enfin, s'étant réconcilié avec son frère, ils partent tous deux pour les Flandres, en dépit de l'interdiction de Louis XIV. Mieux encore, ils trouvent plaisant d'aller guerroyer contre les Turcs, en Hongrie. Marie-Anne, ravie de la désobéissance de son époux envers son royal paternel, se raccommode avec le prince. Primesautière au possible, elle estime que c'est là un excellent tour joué au beau-père ! Elle se met à écrire à Conti des lettres amoureuses et remplies de sarcasmes envers le couple formé maintenant par le roi et Mme de Maintenon, dont la faveur augmente de jour en jour, en raison de l'Affaire des Poisons qui discrédite à jamais l'orgueilleuse Montespan. On découvre qu'elle avait passé un pacte avec le diable – rien moins que cela ! – et qu'elle avait psalmodié un texte où elle demandait l'amitié du roi et celle du dauphin, ainsi que la stérilité de la reine : « Que le roi quitte et ne regarde plus La Vallière et que la reine étant répudiée, je puisse épouser le roi. » La Montespan ne doutait vraiment de rien ! Pour elle, la « sorcière » la Voisin avait préparé une infâme mixture dont la lecture de la composition suffit seule à donner la nausée, et que pourtant le roi avala sans sourciller. Comme, à la suite des messes noires et de répugnants philtres d'amour, Louis XIV avait abandonné Louise de La Vallière, la crédule marquise avait fait totalement confiance à la sorcière.

Le roi est horrifié. Cette femme dont le corps voluptueux lui a procuré tant de délices, il l'imagine étendue, nue, sur une pierre d'autel, et un prêtre abject faisant couler sur elle le sang d'un innocent, fraîchement égorgé. Cette femme qui lui a donné sept bâtards et qui lui a fait ingurgiter des ordures... Pour éviter le scandale qui rejaillirait sur les princes légitimés, Louis XIV fait interrompre l'instruction et éloigne petit à petit la mère de ses bâtards. Tous les complices de la Voisin sont mis au secret.

Si l'épouvantable dénouement des amours royales avec Mme de Montespan ne touche que fort peu Louise de la Miséricorde, il n'en est pas de même en apprenant la conduite de son gendre, qu'elle avait cru touché par la grâce. Sa rébellion et son libertinage la désolent. Quant à Marie-Anne, bien qu'il y ait beaucoup à en blâmer, elle se montre profondément généreuse, tenant ainsi de sa mère.

Le comte de Vermandois, pour son malheur, peut-on dire, est devenu un adolescent d'une rare beauté, d'aspect un peu efféminé. Deux libertins connus, le chevalier de Lorraine et son frère, le comte de Marsan, se chargèrent de son éducation... fort particulière. Tous deux étaient des intimes de Monsieur, ce qui veut tout dire. Mme Colbert, de son vivant, avait tenté de lui donner de bons principes moraux, de la rigueur, des sentiments religieux. Le jeune garçon, au décès de celle qui lui avait servi de mère, n'eut pas suffisamment de force de caractère pour lutter contre les deux débauchés qui l'initièrent d'abord au jeu, puis à la bonne chère, à la boisson, et finalement à ce que l'on appelait le « vice italien ».

Madame, qui avait beaucoup d'amitié pour le fils de Louise, s'aperçut de la mauvaise pente prise par le jeune garçon. Elle en fut scandalisée et le bouda durant un bon mois. « A la fin, je le fis venir, relate-t-elle. Il tomba à genoux devant moi, pleura amèrement et me demanda pardon. Il voulait se corriger, je devais lui rendre mon amitié, sans laquelle il ne pouvait vivre, et l'assister à nouveau de mes conseils. Il me raconta toute son histoire. Il a été horriblement séduit. »

De caractère faible, il fut surpris dans les jardins de Diane, à Fontainebleau, en compagnie d'homosexuels notoires, tels Turenne, le marquis de Créqui, et le prince de La Roche-sur-Yon. Louis XIV, qui avait horreur du « vice italien », le punit avec une grande sévérité. Le pauvre garçon eut beau demander pardon, il dut partir six mois en exil dans un château situé en Normandie. Grâce à l'intercession de la Palatine, qui semble avoir pour lui toutes les indulgences, il revint à Versailles, mais n'eut pour compagnon que l'abbé Fleury, son précepteur.

Au moment de la naissance du duc de Bourgogne, premier petit-fils de Louis XIV, en août 1682, la princesse Palatine – Madame – profite de l'excellente humeur du souverain pour lui demander de faire grâce au comte de Vermandois :

– Votre Majesté ne me refusera pas à présent, je l'espère, une humble prière que j'ai à lui faire.

Louis se met à rire en répondant :

– Que demandez-vous donc ?

– Monsieur, la grâce du pauvre M. de Vermandois.

– Vous êtes bonne amie, mais pour M. de

Vermandois, il n'a pas encore été assez puni de ses crimes, fait le roi sans cesser de sourire, car il aime bien la princesse dont il apprécie le franc-parler.

– Le pauvre garçon est si repentant de ses fautes ! implore-t-elle.

Mais le roi refuse de se laisser attendrir :

– Je ne suis pas encore en disposition de pouvoir le voir ; je suis encore trop en colère contre lui.

Le 26 juillet 1683, alors que la reine revenait d'un voyage en Franche-Comté, et se plaignait depuis quelque temps d'une douleur au bras qu'elle pensait être un rhumatisme, elle se sent anormalement fiévreuse, et les médecins appelés d'urgence constatent que Marie-Thérèse souffre d'un gros abcès à l'aisselle. Ils prennent la décision d'inciser, sans aucune précaution d'asepsie, bien entendu, puisqu'ils ignorent tout de la signification de ce mot et des risques encourus. Ils pratiquent également une saignée, puisque, à l'époque, on considère la saignée comme un remède miraculeux, sans se rendre compte que cette pratique affaiblissait dangereusement le malade. Quatre jours plus tard, le 30 juillet, l'abcès est tout gonflé de pus et la reine pantelante. Témoin des soins prodigués par le docteur Fagon, la Palatine s'en offusque : « Ce vieux coquin de Fagon, ayant fait saigner la malade à onze heures, lui a donné de l'émétique à midi – l'émétique, rappelons-le, est composé de nitrate, d'antimoine et de potassium, il a la propriété de provoquer des vomissements – et à trois heures, elle était morte. »

La princesse estime que les « soins » ont fait « crever l'abcès dans l'intérieur » et que « tout retomba sur le cœur ». Enfin « l'émétique qu'on lui donne là-dessus » étouffa-t-il la pauvre reine ? Aujourd'hui, il nous semble certain que la reine est morte à la suite d'une septicémie.

Marie-Thérèse avait quarante-cinq ans. Elle avait des puérilités d'enfant, aimait les rapports sexuels et clignait de l'œil lorsque le roi l'avait « honorée ». Elle avait depuis longtemps pardonné à Louise de La Vallière d'avoir été la maîtresse de son époux, car depuis la première favorite, elle avait compris qu'une seule femme ne pouvait suffire à l'équilibre physique de cet homme au tempérament exigeant.

En apprenant le décès de celle qui était devenue son amie, Louise en éprouve un sincère chagrin. Se souvient-elle du tremblement qu'elle ressentait autrefois en présence de la souveraine ? De la honte qui s'emparait de tout son être à l'idée de profiter des « faveurs » du roi et de priver ainsi la reine de ce qui lui était dû ?...

Petite consolation pour Louise : le roi a décidé de donner une nouvelle chance au comte de Vermandois. Pour les seize ans de l'adolescent, il l'autorise à partir pour l'armée sous la conduite de M. de Monchevreuil, qui doit lui servir de mentor. C'est une véritable révélation. Le tout jeune homme se montre brave, plein d'entrain. Affable de nature, il sait se faire aimer par tous. Il aide les officiers dans la gêne en faisant semblant de perdre au jeu, ou bien leur fait parvenir des dons anonymes. Il semble avoir à cœur de se faire pardonner les erreurs de son adolescence. Malheureusement, lors du siège de Courtrai, il est pris d'une fièvre maligne. Pendant trois jours, il lutte en dissimulant son mal, car il ne veut pas manquer l'attaque de la place, où il peut se distinguer à la tête d'une colonne de Grenadiers qui contribuent à la prise du faubourg de Menin. Louis XIV, heureusement surpris, lui fait parvenir ses éloges. Hélas ! Vermandois a trop abusé de ses forces. L'apprenant, le roi ordonne son rapide transfert à Lille afin de le faire soigner, mais il est déjà trop tard. Dans la nuit du 17 au 18 novembre 1683, il rend l'âme, regretté de tous ceux qui l'entourent.

Louise avait été mise au courant de l'état critique de son fils et elle attendait des nouvelles, le cœur serré. La prieure, Mère Claire du Saint Sacrement, ne sait comment lui annoncer la mort de son enfant. Ce n'est pas chose courante dans un couvent de carmélites. Elle se demande la façon dont elle doit présenter la chose. Sur ces entrefaites, Mère Claire rencontre Louise à la sortie du chœur :

– J'ai reçu des nouvelles, murmure la prieure.

En regardant le visage plein de compassion, Louise comprend immédiatement : elle n'a plus de fils.

– J'entends bien...

Et Louise va se prosterner au pied du tabernacle.

Bossuet s'étonne de la contrainte qu'elle s'impose pour cacher sa douleur.

– Quelques larmes soulageraient votre cœur, lui conseille-t-il, ce ne serait pas un crime.

– Il faut tout sacrifier, répond Louise, c'est sur moi seule que je dois pleurer.

Elle ne se sentait pas le droit de laisser entrevoir sa souffrance de mère devant les vierges pures qui l'entouraient et l'avaient accueillie si amicalement. Plus encore, elle se serait reproché de pleurer davantage la mort de son fils que sa naissance coupable.

Mme d'Osembray écrit à Bussy-Rabutin que le décès du jeune comte de Vermandois « est une douleur publique, tant il avait donné des marques d'un prince extraordinaire. Il laissera des regrets infinis, Mme la princesse de Conti est inconsolable. Mme de

La Vallière est tout le jour au pied du crucifix ». Ce qui d'ailleurs ne la change pas de ses dévotions habituelles.

Après la mort du comte de Vermandois, les administrateurs de son domaine s'emparèrent de tous ses biens afin de régler sa succession. Dans ses papiers, une créance de 150 000 livres, consentie naguère à sa mère, et qui était restée impayée. Les administrateurs n'osèrent tout de même pas se présenter rue Saint-Jacques, au Carmel...

Le maréchal de Bellefonds, en dépit des ordres donnés par le maréchal de Créqui, a attaqué les troupes espagnoles à Monte-Mayor, d'où il s'ensuit une disgrâce méritée par le fougueux maréchal. Louise en éprouve un tel chagrin qu'elle demande pardon à Dieu de se découvrir encore si peu détachée des soucis de ce monde. Comment devoir blâmer la faute de celui qu'elle considère comme le meilleur de ses amis ? « Je laisse à notre Mère et à ma sœur Anne-Marie de Jésus à vous parler selon leur piété ordinaire... Pour moi, ajoute-t-elle le 16 juin 1684, qui me sens encore toute vivante dans le cercueil de ma pénitence, je ne dois plus penser au monde que pour me plaindre amèrement d'y avoir été. »

Malgré la bure, la haire, le cilice, Louise demeure toute pétrie de sensibilité et d'amour.

Et voilà qu'elle apprend que l'abbé de Rancé est gravement malade. Ses moines trappistes, ses frères, prennent le parti d'écrire au pape afin d'engager leur abbé à atténuer ses rigueurs. Il vient de terminer la rédaction de son *Traité de la sainteté et des devoirs de la vie monastique*. Rancé se ressent peut-être de la controverse qui l'oppose à ce sujet aux Bénédictins. Ce que Louise découvre de lui est si beau, si édifiant, qu'elle bénit le Seigneur de ce qu'il y ait au monde de telles âmes pour L'aimer. Comme lui, elle estime qu'elle devait vivre pour expier. Elle redouble ses mortifications lorsqu'elle veut sauver une âme. Elle se martyrise pour le salut de sa fille trop libertine, de Mme de Montespan, et, bien entendu, pour le roi qui a mis fin à sa vie déréglée en épousant, dans le plus grand secret, Mme de Maintenon, le 9 octobre 1683.

Durant l'été de 1685, Mlle de Nantes, la filleule de Louise, âgée de douze ans, devient l'épouse du duc de Bourbon qui compte tout juste quatorze printemps. Marie-Anne plaisante au sujet de ces « mariés bamboches ». Cela ne nous paraît qu'une simple gaminerie de traiter le nouveau couple princier de « marionnettes ». La fille du roi ne respecte guère ceux qui l'entourent, à commencer par son majestueux père et Mme de Maintenon. Celle-ci lui reproche un jour de ne « point avoir de cœur », parce que la jeune princesse a laissé entendre qu'elle ne se divertissait que bien peu entre son père et son épouse morganatique, lors d'une promenade en leur compagnie. Combien nous comprenons Marie-Anne ! Pour une jeune femme au caractère enjoué, il n'y a rien de particulièrement attrayant à se promener à pas comptés entre son « papa » et sa « belle-maman » ! Le couple, au contraire, apprécie fort les saillies de Marie-Anne, son esprit, sa gaieté.

Le prince de Conti, de retour de Hongrie où il s'est couvert de gloire – bon moyen pour se faire pardonner son escapade –, tombe alors malade ainsi que Marie-Anne. Tous deux sont atteints de la petite vérole. La jeune femme se remet assez rapidement, mais il n'en est pas de même de son époux... Louise, après avoir cru que le Ciel voulait trancher le dernier lien qui la rattachait à son passé, n'a qu'à déplorer la mort de ce jeune prince qu'elle avait aimé comme un fils, qui lui avait causé bien des désillusions après qu'elle eut mis en lui tant d'espoir... Celle dont Boileau disait qu'elle était « la plus parfaite chose que la nature ait produite depuis longtemps », reste veuve à l'âge de vingt ans. Belle comme Mme de Fontanges, agréable comme sa mère, avec la taille et l'air du roi son père, auprès de laquelle les plus belles n'étaient pas regardées. Bonne, généreuse, ses excellentes qualités étaient gâtées par un caractère qui faisait fuir ses amants et se détacher ses amis.

Dans ses lettres à Bellefonds, Louise traite curieusement sa fille de « pauvre femme ». « Prions pour elle, recommande la carmélite. Le reste ne lui manquera pas... » Ce « reste » semble désigner la protection du roi, qui ne lui fera jamais défaut.

C'est au tour des nièces de Louise de lui donner des soucis. L'aînée des filles du marquis de La Vallière, dénommée Louise-Gabrielle, épouse à seize ans un excellent officier, César-Auguste de Choiseul. Il n'a qu'un tort : celui d'avoir trente et une années de plus que sa toute jeune femme. Celle-ci ne tarde pas à tromper son mari si ouvertement qu'il doit se résoudre à la répudier. Afin de soustraire Marie-Yolande, la sœur cadette, au déplorable exemple, elle est placée comme pensionnaire à l'abbaye de Fermoutiers, non loin de Meaux. Louise et Bossuet pensent que cet éloignement peut avoir de bons résultats. Hélas ! la jeune personne s'y montre si insupportable, que les religieuses se hâtent de la renvoyer dans sa famille, où l'on s'empresse de lui faire épouser le marquis de Brossay, plus en rapport, celui-là, avec son âge tendre.

Heureusement, les grâces divines ne manquent pas à Louise de la Miséricorde. « Elle passait des journées entières à répandre son cœur devant Dieu, mettant sa joie à adorer ce Jésus caché sous ses voiles mais présent à l'autel. » Elle est si assidue devant le Saint Sacrement que le soin de l'oratoire intérieur lui est confié. Il s'agit d'une petite pièce qui, au Carmel, touche le fond de la chapelle derrière l'autel et communique avec lui par le tabernacle qui s'ouvre tantôt vers l'extérieur, tantôt vers l'intérieur. Lorsque le Saint Sacrement est exposé dans l'oratoire, il est invisible du côté de la chapelle publique. Quel profond bonheur c'est pour Louise de devoir prendre soin de ce tabernacle, que seule, maintenant, avec le prêtre, elle a l'autorisation de toucher !

De sa grande écriture, elle rédige aussitôt un Mémoire sur les devoirs qui lui incombent, particulièrement au sujet des expositions du Saint Sacrement : « La Mère sous-prieure aura la clef de la petite grille dans son *armoire de cœur*, à moins qu'elle ne la donne à celle qui est chargée de l'oratoire pour ouvrir le Saint Sacrement. » N'est-il pas émouvant de lire « l'armoire de cœur », qui correspond beaucoup plus à la pensée profonde de Louise que l'armoire de « chœur » ? Il ne nous viendrait pas à l'esprit de rectifier l'orthographe de la carmélite. Ce serait la trahir. « Elle ne cessait, relate la prieure, de préparer son cœur pour Le recevoir. » Combien sœur Louise aimait cette charge, la plus douce à laquelle elle pouvait rêver. Comme elle remercie le Ciel ! Elle se plaît à parer et orner l'autel si précieux. Une tradition affirme qu'elle reçut souvent des bouquets de Versailles afin de lui permettre de s'acquitter de cette bienheureuse tâche. La Quintinie, le maître des jardins royaux, lui en faisait porter par la fille de Dumont, le maître de chapelle.

La princesse de Conti, pour être agréable à sa mère, contribue elle aussi à embellir l'oratoire qui, grâce à ses soins, fut magnifiquement orné. C'est dans ce cher oratoire que sœur Louise passe une grande partie de son temps, occupée à ces délicates besognes réservées aux sacristines.

En 1686, l'âme frivole de Mme de Saint-Rémy s'envole. Le chagrin de Louise n'est pas immense, sa mère ne s'étant jamais beaucoup occupée d'elle, mais perdre une mère est toujours une perte sensible. Sœur Louise n'eut pas cette fois à dissimuler sa peine. Elle reçut au parloir de nombreuses visites de condoléances.

Elisabeth d'Orléans, devenue veuve de Louis-Joseph de Lorraine, duc de Guise, vient fréquemment rendre visite à son ancienne demoiselle de compagnie. Louis XIV ne manque pas de rappeler à ceux qui lui demandent l'autorisation d'aller voir Louise, que celle-ci a le rang de duchesse et doit être traitée comme telle. Cependant, jamais elle ne consentira à user du privilège qui lui permet de s'asseoir en présence des Grands qui se présentent à elle. Jacques II d'Angleterre, qui avait perdu son trône en raison de sa conversion au catholicisme, venait au Carmel en compagnie de Marie de Modène, son épouse. Priée de s'asseoir, Louise décline l'invitation : elle ne veut pas se souvenir de son titre qui ne fait que lui rappeler la raison pour laquelle il lui avait été octroyé. Elle est devenue l'humble sœur Louise de la Miséricorde et tient à le rester.

Bossuet a la singulière idée d'adresser à Louise le docteur Burnett, célèbre anglican spécialisé dans la théologie. Elle ne parvint pas à le convertir, mais eut davantage de succès avec ses cousines : Mlles de Boufflers et de Chatelard qui entrèrent toutes les deux au Carmel.

Un jour, les carmélites accueillirent une singulière novice du nom d'Isminiame. Fille de pacha, elle était née en Hongrie. Adolescente, elle était devenue l'épouse d'un officier turc qui devait trouver la mort lors du siège par l'armée autrichienne de la ville où le couple résidait. Isminiame fut enlevée par des soldats, qui la traînèrent à demi nue dans les rues jonchées de cadavres, dans le but de la vendre au plus offrant. Elle eut la chance de croiser le chemin du prince de Commercy, de la maison de Lorraine. Touché par sa jeunesse et sa beauté, le prince tira la jeune femme des mains de ses ravisseurs et la confia au prince de Conti, qui l'avait fait conduire en France en priant son épouse de bien vouloir en prendre soin. Il est certain que Marie-Anne parla à sa mère de l'étrangère, et finit par la lui amener. Un père de l'Oratoire, turc de naissance, se chargea alors de l'instruction chrétienne de la jeune musulmane. Très vite, elle fut convaincue d'avoir trouvé la vraie voie, et demanda à être admise au Carmel de la rue Saint-Jacques, où son délicieux accent et ses réflexions amusaient fort les récréations des religieuses.

La vie du Carmel s'écoule douce, paisible, où l'esprit ne « prend la nourriture qu'en Dieu ».

Cependant, cette fin de siècle voit une terrible mortalité. De 1674 à 1710, Louise déplore la mort d'une quarantaine de ses compagnes sur les cinquante qui l'ont accueillie. Parmi elles, citons sœur Anne de Jésus (Mlle de Cois), amie de Louise du temps où elles étaient toutes deux demoiselles d'honneur de la duchesse d'Orléans, et enfin, et surtout, Mère Agnès et sa petite-nièce, sœur Anne-Marie (Mlle de Bellefonds). La Mère Agnès avait compris Louise, elle l'avait soutenue, aidée pour son entrée au Carmel. Elle l'avait initiée avec soin à la vie spirituelle, à la méditation. Sœur Louise l'avait aimée comme une vraie mère, qui remplaçait avantageusement la femme trop occupée d'elle-même pour prêter une grande attention à ses enfants. Chaque fois que Mère Agnès tombait malade, on s'en souvient, Louise s'inquiétait et priait de toute son âme pour la guérir. Quand Mère Agnès se remettait, Louise rendait grâces au Seigneur et sa joie éclatait. Cette femme remarquable s'éteignit le 21 septembre 1691, à l'âge de quatre-vingts ans. Le 29 du même mois, Louise écrit à Bellefonds : « Vous êtes touché avec raison, Monsieur, de notre chère mère ; nous le sommes de même, quelque consolation que la sainteté de sa vie et de sa précieuse mort nous donne. Quel est le cœur assez dur qui puisse n'être pas sensible à la séparation d'une personne où toutes les perfections selon la grâce et la nature se trouvaient réunies ? Pour moi, Monsieur, pensez, je vous supplie, (à) ce que je lui dois. Il fallait une charité comme la sienne pour oser recevoir une misérable comme moi ; elle n'hésita point, vous le savez ; j'en suis encore à présent plus étonnée que le premier jour. J'espère que Notre-Seigneur lui a déjà rendu au centuple tout le bien qu'elle m'a fait et celui qu'elle m'a souhaité... »

Louise de la Miséricorde poursuit : « Dieu nous enlève une Mère tendre et compatissante, un esprit fait pour éclairer les autres, un caractère doux, plein de zèle et de charité, une âme en qui les vertus sublimes se pliaient à notre faiblesse et nous inspiraient, à défaut de sa force, du moins le courage et l'envie de l'imiter... » On sent que la carmélite a profondément pensé à cette Mère exceptionnelle. Comme elle va lui manquer... Elle parle maintenant à Bellefonds de sa fille Anne-Marie : « Notre chère fille, puisque vous voulez que je la regarde ainsi, est accablée de cette mort, elle aimait notre mère de la manière la plus tendre, elle perd des instructions et des exemples admirables ; Dieu est avec ceux qui souffrent et qui se confient en sa divine bonté. Marchons à l'éternité, selon l'état où nous nous trouvons sur les traces que notre charitable mère nous a montrées et intercédons-la pour obtenir ce qui nous manque. »

Sœur Anne-Marie rend l'âme deux années après sa tante, en 1693. Dans une de ses dernières lettres au maréchal, Louise lui confie : « Vous m'avouerez que vous voyez tous les caractères des prédestinées dans votre chère enfant. » Elle conclut par ces mots : « Je supplie la divine bonté d'achever son œuvre de miséricorde et que sa volonté détruise tellement la nôtre en tout, que ce ne soit plus nous qui vivions, mais Jésus-Christ qui vive en nous. »

L'abondance des visites que l'on continue à lui faire importune sœur Louise. Elle a fui le monde, ses bavardages, sa futilité. Elle a maintes fois demandé, on s'en souvient, à devenir sœur converse pour s'adonner aux travaux les plus humbles, mais ce désir n'a pas été exaucé. Pas plus que son souhait de se retirer dans un autre Carmel dont l'éloignement de Paris ou de Versailles découragerait vite ceux qui se rendaient au Carmel de la rue Saint-Jacques sous des prétextes plus ou moins frivoles. « Son exemple, écrit la Mère prieure, pour expliquer le refus, nous était trop utile et sa personne trop chère pour consentir à son éloignement. »

Mme de Montespan, totalement délaissée à la suite de l'Affaire des Poisons, est maintenant remplie de remords. Alors que tous l'ont abandonnée, elle se souvient de la femme si douce, à laquelle elle n'avait jamais rien eu à critiquer, et dont elle avait pourtant souhaité la mort. Elle était venue souvent en compagnie de la reine, et toujours Louise lui avait réservé le meilleur accueil, comme si elle n'avait rien à lui reprocher. En ces jours de solitude du cœur, la marquise vient demander à la carmélite de lui montrer la voie, la vérité et la vie, puisque le regret de ses fautes a enfin touché l'orgueilleuse Athénaïs. Elle confie à son ancienne rivale ses troubles d'âme, de conscience. Et Louise la conseille avec aménité et compréhension.

C'est vers cette époque qu'en Hollande est frappée une médaille qui déplaît profondément à Louis XIV, le choque même au plus haut point. Il y avait de quoi ! Qu'on en juge : on y voit le roi-soleil entouré de ses quatre principales favorites, où Louise était cependant respectée par des ennemis de la France. Elle est représentée la main posée sur le cœur du roi, Mlle de Fontanges sur sa bourse, Mme de Maintenon sur son appendice nasal, afin de bien démontrer que l'ex-veuve Scarron menait le souverain par le bout du nez, et Mme de Montespan sur... ce que nous laisserons deviner au lecteur afin de ne pas être impudique à notre tour.

En contemplant avec dégoût la médaille, Louis dut se dire avec nostalgie que la tendre biche aux yeux si doux était la seule femme – si l'on excepte la reine Marie-Thérèse – à l'avoir réellement aimé pour lui-même.

Vers le courant de l'été 1695, de « grandes prières » s'élèvent au Carmel en vue d'obtenir du ciel un saint archevêque. Mme de Maintenon emploie tout son crédit pour faire nommer l'évêque de Châlons, frère du maréchal de Noailles, qui était un ami de sœur Louise. Pour cette raison, c'est elle que l'on charge d'écrire, au nom de la communauté, pour recommander le nouvel archevêque.

En 1696, on apprend la mort de Mme de Sévigné survenue chez sa fille, à Grignan. La célèbre épistolière avait longtemps douté de la conversion sincère de Louise de La Vallière, et pas mal ironisé à ce sujet. Elle avait cependant fini par comprendre que Louise n'était pas entrée au couvent par déception sentimentale, mais bien à la suite d'un amour infiniment plus élevé pour un divin Seigneur Tout-Puissant.

La jeune Turque, devenue sœur Adélaïde de Jésus, ne s'habitue pas au froid climat de la France et aux dures privations du régime ascétique. Elle s'éteint pieusement au bout de peu d'années.

La mort du maréchal de Bellefonds, inconsolable de la fin de sa fille, cause, on s'en doute, un très vif chagrin à Louise. Comment ne pas se souvenir, en effet, de tout ce qu'elle lui doit sur le plan spirituel.

Au Carmel ont lieu les obsèques de la duchesse de Guise, fille de Gaston d'Orléans, avec laquelle Louise a été élevée. Le roi a beaucoup pleuré, car il aimait sincèrement sa cousine.

Puis c'est au tour d'Armand-Jean Le Bouthillier, abbé de Rancé, de quitter ce monde. Se sachant gravement malade, il s'était démis de ses fonctions en 1695. Bossuet, à sa demande, venait souvent faire des séjours à la Trappe. « Je mourrai content, écrit au mois d'avril 1699 le célèbre réformateur, si je puis le voir encore une fois et recevoir sa sainte bénédiction. » Il rendit à

Dieu sa belle âme tourmentée au mois d'octobre de l'année 1700. On lut au Carmel la relation de cette mort, comme c'est la coutume. Louise apprit ainsi que, depuis des années, les rhumatismes avaient « consumé les chairs » de l'abbé, au point qu'une de ses mains était entièrement « cariée ». Il en éprouvait de si vives douleurs que « le bras de cette main se déboîta et produisit une tumeur monstrueuse ». Il était par suite devenu insomniaque et ressentait « une extraordinaire aversion pour toute espèce de nourriture », car elle lui donnait la nausée. S'ajoutaient à cela des maux de dents, des quintes de toux violentes, des coliques intenses. Son corps le faisait à tel point souffrir qu'il restait assis sur une chaise de paille sans oser presque esquisser un mouvement. En dépit de ce martyre, il ne se départit jamais de sa douceur et de sa patience. Le 27 octobre, il trouva enfin le repos, étendu, selon la règle, sur une couche de paille et de cendre. Grande perte pour toute la France chrétienne et vrai deuil pour Louise qui l'aimait et le vénérait depuis son adolescence. Rancé aussi avait beaucoup péché, lui aussi avait été touché par la grâce. Quel chemin parcouru depuis Blois ! Louise souffre également de nombreux maux physiques, mais à l'énoncé de tout ce qu'avait subi l'abbé de Rancé, elle s'en serait voulu de laisser échapper la moindre plainte.

Le nom de Louise de La Vallière est désormais devenu si populaire qu'elle est curieusement citée dans des recueils de clefs des songes dans lesquels on la prétend voyante !

La dauphine, très pieuse, vient lui rendre visite, et la pétulante duchesse de Bourgogne également. Le roi leur recommande chaque fois de ne pas oublier le rang de la recluse. Mais quand les princesses veulent faire asseoir l'ancienne duchesse en leur présence, sœur Louise de la Miséricorde s'y refuse toujours en déclarant :

– En faisant profession, j'ai renoncé à tout, oublié tout, et ne suis qu'une simple religieuse comme les autres.

En 1701, nouveau deuil pour la communauté en la personne d'Anne-Marie-de-Jésus (Mlle d'Epernon). Elle était parvenue à un âge avancé et Louise lui vouait une grande affection.

Peu après, Louise apprend que la comtesse de Soissons et la comtesse de Roux sont fortement suspectées d'empoisonnement. Que de mal avait tenté de lui faire la première de ces dames... La du Fouilloux est devenue, paraît-il, une femme misérable, obèse et qui se gave de charcuterie même à son petit déjeuner...

En 1703, Bossuet est atteint de la maladie de la pierre. Durant des mois, il va traîner une fièvre continue. Louise, qui n'a guère d'espoir de le voir un jour guérir, s'attriste du prochain départ de celui qui a été son guide spirituel, son soutien, un ami sûr et fidèle. Il rend l'âme à son tour le 12 avril 1704.

Que de morts réclament maintenant les prières de sœur Louise !...

Les visites deviennent donc de plus en plus rares pour cause de vieillesse, de maladie, de départs souvent définitifs.

La princesse de Conti, en revanche, ne reste jamais longtemps sans venir voir sa mère. Il ne viendrait pas à l'esprit de la carmélite de demander à Marie-Anne d'espacer ses visites, mais elle n'a jamais pu se faire à cette présence qui lui remet inlassablement sa faute en mémoire. La mère et la fille ne se ressemblent guère moralement. L'une est aussi profonde que l'autre est légère et frivole. Seul son royal père lui pardonne toujours ses faux pas.

Quant à sa mère, d'après la *Lettre circulaire* du Carmel, qui sera rédigée, comme le veut l'usage, après le décès de sœur Louise de la Miséricorde, « elle prolongeait rarement ses conversations avec la jeune princesse ».

Le temps a fait son œuvre.

Louise est devenue une femme âgée. Jadis ravissant « ornement du hameau », elle est désormais l'orgueil du Carmel. L'ambassadeur de Venise ne souhaite, dit-il, que de lui survivre « pour aller à Rome solliciter la canonisation d'une si excellente religieuse ».

Celle-ci subit un martyre quotidien. Son corps n'est plus que plaies et douleurs. Ses migraines sont lancinantes : « Elle n'en laisse voir que ce qu'elle ne peut cacher. »

Lorsque la France – le roi – aura besoin d'argent, Louise devra dépouiller de ses mains, qui les avaient tant soignés et chéris, tous les ornements d'or et d'argent de l'oratoire pour les apporter au Trésor royal et contribuer ainsi, comme les autres couvents, à la défense de la patrie.

Le dramatique hiver de 1709 va faire bien des victimes. A Versailles, il fait si froid que Mme de Maintenon vit confinée dans sa grande chaise à porteurs. Louis XIV, pourtant peu sensible au froid, renonce à sortir. Des centaines de personnes sont retrouvées mortes dans leur lit, figées par le gel. On imagine la vie au couvent... ce couvent qui n'est jamais chauffé..., où les carmélites couchent sur la dure, à peine couvertes, et qui n'ont aux pieds que de légères sandales de corde... Toutes tremblent de froid. La température inhumaine intensifie les maux de Louise.

Elle souffre d'une sciatique, des rhumatismes torturent tout son corps, son estomac refuse toute nourriture. Il semblerait qu'elle ait en plus une pénible descente d'organe, due, selon toute probabilité, à ses relevailles trop hâtives après des accouchements dramatiques.

Peu importe. Louise estime maintenant n'avoir plus rien à faire en ce monde. Le roi, pour lequel elle a tant prié, mène une vie des plus sages depuis son mariage secret avec Mme de Maintenon.

Les carmélites, inquiètes de voir le visage de sœur Louise défiguré par la souffrance, lui conseillent de prendre du repos. Elle secoue la tête :

– Il n'y en peut avoir pour moi sur la terre.

En vraie mystique, elle remercie le Ciel de lui procurer ses douleurs :

– Qu'il me réduise en poudre.

Elle a traduit personnellement ce texte se rapportant à sainte Thérèse d'Avila :

Ah ! termine cette mort,
Mon Dieu, et donne-moi la vie.
Ne me tiens plus enchaînée
Dans ces lacs que je ne puis rompre.
Je meurs du désir de Te voir,
Je ne puis plus vivre sans Toi,
Je me meurs de ne pas mourir.

Elle répète : « Je me meurs de ne pas mourir... »

Sur une image glissée entre les pages de son bréviaire, Louise a écrit : « L'eau de nos larmes, Seigneur, éteint le feu de votre colère ; et les âmes qui, après avoir eu le malheur de vous perdre, reçoivent la grâce de retourner à vous, au lieu d'y rencontrer la rigueur d'un juge sévère, y trouvent la tendresse d'un père charitable. »

Peut-être parce qu'elle savait qu'il était trop tard et qu'on ne pouvait plus rien pour elle, sœur Louise consent à se laisser soigner. Les 2 et 3 juin 1710, elle communie avec une ferveur particulière en reconnaissance de sa vocation. Le 4, elle assiste à tous les exercices de la communauté. Le 5, veille de sa mort, elle se lève comme d'habitude à trois heures du matin, deux heures avant ses coreligionnaires. Cependant, ce jour-là, elle ne peut parvenir jusqu'au chœur. Elle titube, chancelle, s'appuie contre le mur, glisse à terre... Les sœurs la découvrent à demi inconsciente. La sœur converse prévient aussitôt la Mère Supérieure qui donne l'ordre de transporter sœur Louise à l'infirmerie. A cette femme exténuée, à bout de forces, on applique le remède habituel : la saignée ! Une souffrance de plus pour ce corps martyrisé...

– Expirer dans les plus vives douleurs, voilà ce qui convient à une pécheresse.

Elle refuse d'abord qu'on lui retire sa tunique de serge pour conserver sa chère vêture jusqu'au dernier moment ; mais, toujours docile, elle cède à l'ordre qui lui est donné de revêtir une simple chemise de toile. Le médecin a décelé une occlusion intestinale : « L'inflammation était déjà formée », signalera la *Lettre circulaire*.

Sœur Louise de la Miséricorde demande le saint viatique et l'extrême-onction, qui lui sont administrés entre dix et onze heures du matin par le Supérieur du monastère, l'abbé Pirot, qui lui inspire cette prière :

– Seigneur, si vous augmentez la souffrance, augmentez aussi la patience.

A bout de souffle, elle balbutie encore :

– Dieu a tout fait pour moi, Il a reçu autrefois dans ce même temps le sacrifice de ma profession, j'espère qu'Il recevra encore le sacrifice de justice que je suis prête à Lui offrir.

La princesse de Conti, qui, à la suite d'une indisposition, se trouvait à Versailles, prévenue de la fin imminente, ne peut se rendre auprès de sa mère que le 6 au matin. Lorsque Marie-Anne parvient au chevet de sa mère, celle-ci a déjà presque perdu l'usage de la parole. Louise regarde sa fille dont les beaux yeux sont embués de larmes. Elle tâche de lui faire comprendre par signes de mener une vie chrétienne, puis elle lui sourit, comme apaisée. Le divin rendez-vous est tout proche.

A midi, elle entend sonner l'*Angelus* : « Je suis la servante du Seigneur, qu'il me soit fait selon Sa volonté. » Dans le jardin du couvent, les oiseaux gazouillent au soleil. Au chevet de l'agonisante, les sœurs murmurent l'*Ecce ancilla Domini*. L'âme claire de sœur Louise de la Miséricorde quitte cette terre s'imaginant sans doute n'avoir jamais été pardonnée.

Louise de la Baume Le Blanc, duchesse de La Vallière avait soixante-cinq ans et dix mois. Elle était au Carmel depuis trente-six années.

Ce 6 juin 1710, Dangeau note dans son *Journal* : « Le roi travailla le matin avec son confesseur et fut encore enfermé avec lui l'après-dîner comme il fait toujours la veille qu'il doit faire ses dévotions. »

Saint-Simon, le grand mémorialiste du règne de Louis XIV, écrit que le roi « parut peu touché de sa mort ». « Elle est morte pour moi du jour de son entrée aux Carmélites », aurait-il déclaré.

Au Carmel, on procède à la dernière toilette de celle qui n'est plus qu'un corps sans vie, délivré à jamais de ses lancinantes souffrances. Sa tête est couronnée de roses blanches, et des fleurs jonchent le cercueil où elle repose. La Mère Supérieure ferme les yeux et la bouche de la morte, tandis qu'une sœur infirmière étend les pieds nus. Les cloches du couvent annoncent le décès par un tintement de trois coups suivi de trois sonneries à la volée durant le temps d'un *miserere*. En l'absence d'un prêtre, il ne reste à l'infirmerie que les religieuses préposées à la toilette. La défunte a été revêtue de la robe, de la ceinture, du scapulaire, du manteau et du voile. Les mains ont été jointes sur un crucifix. Le visage, qui n'est plus crispé de douleur, a revêtu une expression sereine et d'une grande dignité.

Les religieuses, rassemblées à l'avant-chœur, précédées de la croix, se dirigent vers l'infirmerie où elles allument le cierge qu'elles tiennent à la main. Puis, elles font trois fois le tour du cercueil en jetant de l'eau bénite trois fois sur le corps de chaque côté, dans le plus grand recueillement. Enfin, elles entonnent le psaume *In exitu Israël* suivi du *Dilexi Quoniam*, tout en transportant le cercueil en procession au chœur où il est placé devant l'autel sur des tréteaux recouverts de serge noire. Le voile a été retiré de la grande grille. Au pied de la défunte, les sœurs disposent la croix, des cierges allumés et un bénitier. La communauté se retire ensuite à l'exception de quatre religieuses qui se mettent à réciter le psautier en silence.

Derrière la grille, le peuple commence à se masser. Il y a bientôt une foule en prière. Nombreux sont ceux qui demandent aux religieuses que des objets de piété puissent toucher le corps de la carmélite : images, médailles, chapelets, mais aussi d'humbles fleurs. De plus en plus on murmure le mot de « sainte » au sujet de Louise.

La princesse de Conti reçoit les condoléances de

toute la cour, car Louis XIV lui a donné l'autorisation de « draper », c'est-à-dire de porter le deuil de crêpe, ce qui eut le don d'irriter fort les bâtards de Mme de Montespan. « Pour leur mère, ils n'avaient reçu aucune marque publique d'affliction : ils essuyèrent ainsi cette sorte d'insulte que le simple adultère fit au double », commente Saint-Simon.

Le 7 juin, en fin de journée, a lieu l'office des morts au Carmel. Après le *Requiem*, les religieuses font entrer les ecclésiastiques en chape et surplis, qui procèdent à l'absoute. Puis, au chant des psaumes, le léger cercueil en sapin est porté jusqu'à l'enclos du cimetière des carmélites. Une dernière fois, le corps est encensé et béni. Alors seulement la Supérieure recouvre le doux visage de son voile noir et le cercueil refermé est descendu dans la fosse préparée. La tête a été tournée vers l'orient d'où vient la lumière. Les derniers chants s'élèvent. Aucune stèle dans ce lieu de repos éternel. Une simple dalle de pierre de liais – une variété de calcaire au grain fin des environs de Paris. Le nom de Louise de La Vallière et la date de son décès y seront gravés. Rien, sauf l'inscription, ne distinguera cette tombe des autres.

Selon la coutume, une *Lettre circulaire* est envoyée à tous les carmels de France pour faire part de la mort de sœur Louise de la Miséricorde et la recommander à leurs prières. Dans ce document, le passé de la décédée est évoqué fort discrètement de même que sa conversion. Il est surtout parlé de ses principales activités dans le cloître et des exemples de ses vertus, sa dévotion au Saint Sacrement, son humilité et ses mortifications. La lettre a été signée par Mère Madeleine du Saint-Esprit.

Sous la Terreur, les révolutionnaires fanatiques, qui avaient vidé les tombes royales de Saint-Denis, et dispersé les os de sainte Geneviève, la patronne de Paris, profanèrent également l'humble cimetière. La chapelle du couvent fut jetée bas et tout le domaine, qui s'étendait de la rue Saint-Jacques à la rue d'Enfer, fut vendu aux enchères le 5 thermidor, an V. Ce qui restait des bâtiments fut démoli en 1816, lorsque le percement de la rue du Val-de-Grâce fut décidé. La construction du nouveau couvent, en 1855, fit disparaître les quelques dernières tombes.

En creusant, en 1912, la plate-bande qui bordait l'allée voisine de la rue Nicole afin d'y bâtir un mur, les terrassiers déterrèrent de nombreux ossements qui, recueillis, furent déposés dans une cave voisine. Débris tous confondus, il était bien impossible de savoir qu'il s'agissait là des restes d'une sœur tourière, de la Mère Agnès, de la Turque Isminiame, ou des duchesses de Longueville, de Montausier ou de La Vallière.

Celle-ci, qui se croyait la dernière et la plus coupable des créatures, aurait sûrement trouvé justifiée cette disparition totale de sa trace sur terre. « Tu es poussière et tu retourneras en poussière... » Ainsi, la si douce violette, à l'exquise modestie, ne vit plus que dans les mémoires et dans les cœurs.

Sainte-Beuve, soutenu par une très importante documentation, et un esprit profond et psychologue, a laissé dans le tome trois de ses *Causeries du lundi* un fort beau portrait de Louise de La Vallière. L'écrivain estime que des trois plus célèbres favorites de Louis XIV, c'est elle « de beaucoup la plus intéressante, la seule vraiment intéressante en elle-même ». Peut-être eut-elle moins d'esprit que Mme de Montespan et Mme de Maintenon, mais « elle leur est incomparablement supérieure par le cœur ». « Amante parfaite. » Elle aima « pour aimer, sans orgueil, sans coquetterie... Ame et beauté toute fine et suave... ».

Sainte-Beuve conclut son analyse par ces lignes : « Quand on vient de relire l'admirable chapitre V du livre III de l'*Imitation*, où sont exprimés les effets de l'amour divin, qui n'est dans ce chapitre que l'idéal de l'autre amour, Mme de La Vallière est une de ces figures vivantes qui nous l'expliquent en leur personne et qui nous le commentent le mieux. »

BIBLIOGRAPHIE

ANQUETIL (Louis, Pierre). *Galerie de l'ancienne cour*, 1788.
ARVIEUX (d'). *Souvenirs.*
BASSET D'AURIAC (Gabrielle). *Les deux pénitences de Louise de La Vallière*, 1924.
BENSERADE (Isaac de). *Œuvres*, 1697.
BERTRAND (Louis). *Louis XIV intime*, 1937.
BORDONOVE (Georges). *Foucquet, coupable ou victime ?*
BOSSUET (Jacques Bénigne). *Œuvres et correspondance*, 1909-1925.
BOURDALOUE (R.P. Louis). *Œuvres complètes*, 1864.
BRIENNE (Louis-Henri de Loménie de). *Mémoires*, 1828.
BUSSY-RABUTIN (Roger). *Correspondance avec sa famille et ses amis*, 1858. *Mémoires*, 1987.
CAPEFIGUE (J.-B.). *Mademoiselle de La Vallière et les favorites des trois âges de Louis XIV*, 1859.
CASTRO (Eve de). *Les bâtards du Soleil*, 1987.
CAYLUS (Marthe Marguerite de). *Souvenirs*, 1965.
CHOISY (François-Timoléon, abbé de). *Mémoires pour servir à l'histoire de Louis XIV*, 1966.
CONDÉ (Louis II de Bourbon). *Lettres inédites à Marie-Louise de Gonzague, reine de Pologne*, 1920.
COSNAC (Daniel). *Mémoires*, 1852.
COUTON (Georges). *La chair et l'âme*, 1935.
CRUYSSE (van der). *Madame Palatine.*
DECKER (Michel de). *Mme de Montespan*, 1985.
DELAMARE (Philibert). *Mélanges.*
DELONG (Claude). *Anne d'Autriche, mère de Louis XIV*, 1980.

LOUISE DE LA VALLIERE

FÉLIBIEN (André). *Relation de la fête de Versailles du 18 juillet 1868*, 1868.
FOUCAULT (Nicolas-Joseph). *Mémoires.*
FLOQUET (A.). *Bossuet, précepteur du dauphin, évêque de cour*, 1864.
La Gazette, années 1660 à 1674.
LA FARE (Charles-Auguste, marquis de). *Mémoires et Réflexions sur les principaux événements du règne de Louis XIV*, t. III, 1838.
LA FAYETTE (Marie-Madeleine de). *Histoire de Madame Henriette d'Angleterre*, 1962.
LA VALLIERE (Louise de). *Lettres. Réflexions sur la Miséricorde de Dieu.*
LOIR (Jules). *Louise de La Vallière et la jeunesse de Louis XIV.*
LORET (Jean). *La Muse historique*, 1857-1878.
LOUIS XIV. *Œuvres*, 1906.
LUYNES (Charles d'Albert, duc de). *Mémoires sur la cour de Louis XIV*, 1860.
MATTER. *Lettres et pièces rares.*
MERE (Mary-Joseph). *La favorite du roi*, anglais.
MONTPENSIER (Anne-Marie-Louise d'Orléans, duchesse de). *Mémoires*, 1856.
MOTTEVILLE (Mme de). *Mémoires*, 1855.
MURAT (Inès). *Colbert*, 1980.
ORLEANS (Elisabeth-Charlotte de Bavière, duchesse d'). *Correspondance*, 1866.
SAINT-MAURICE (Thomas-François, marquis de). *Lettres sur la cour de Louis XIV*, 1911.
SAINT-SIMON (Louis, duc de). *Mémoires*, 1983.
SÉVIGNÉ (Marie de Rabutin-Chantal, marquise de). *Correspondance*, 1978.
SPANHEIM (Ezechiel). *Relation de la Cour de France.*
TRUC (Gonzague). *Louis XIV et Mlle de La Vallière*, 1933.
VATAUT (Jean). *Amboise*, 1936.
VISCONTI (Jean-Baptiste Primi). *Mémoires sur la cour de Louis XIV*, 1988.

TABLE

Achevé d'imprimer en mai 1998
sur presse Cameron
par ***Bussière Camedan Imprimeries***
à Saint-Amand-Montrond (Cher)

N° d'édition : 562. N° d'impression : 982783/4.
Dépôt légal : mai 1998.

Imprimé en France